マンガ
おもしろいほどよく当たる!
12星座あるある
原案 キャメレオン竹田
漫画 水口めい

おはようございます！
みずがめさん早《はや》いですね
朝活《あさかつ》ですか!?
水瓶座《みずがめざ》は今日《きょう》は早《はや》いと思《おも》いきや
うん まあ…
玩具《がんぐ》メーカー
（株）ギャラクシー
広報宣伝部《こうほうせんでんぶ》
瑞《みず》賀《が》米《め》 薫《かおる》（34）
ただのSNS好《ず》き
カタカタ
世話好《せわず》きの蟹座《かにざ》
（株）ギャラクシー 総務部《そうむぶ》
香《か》似《に》 真《ま》莉《り》子《こ》（33）
みんながキレイな机《つくえ》で気持《きも》ちよく1日《にち》を過《す》ごせますように
ん？何《なに》かにおうんだけど…
くん
雑巾《ぞうきん》が古《ふる》い
きゅっきゅっ
社則《しゃそく》などを大事《だいじ》にする山羊座《やぎざ》
よし いつも通《どお》り始業《しぎょう》10分前《ぷんまえ》
（株）ギャラクシー 事業本部《じぎょうほんぶ》 部長《ぶちょう》
屋《や》祇《ぎ》 秀則《ひでのり》（42）
おひつじとおうしとてんびんはどうした!?
まだです
あいつらまた遅刻《ちこく》か！
…ん？机が何か臭いな
さぁ…

ヤベっ
忘《わす》れ物《もの》したっっ!!
たーー
牡羊座《おひつじざ》は
行動《こうどう》は早《はや》いが
ケアレスミスも
多《おお》い
(株) ギャラクシー 商品企画部《しょうひんきかくぶ》
緒日辻《おひつじ》 隼人《はやと》 (24)
やっぱり朝《あさ》は
コーヒーを飲《の》ま
ないと始《はじ》まら
ないよなー
まったり
マイペースな
牡牛座《おうしざ》
(株) ギャラクシー 商品企画部《しょうひんきかくぶ》
追紫《おうし》 安志《やすし》 (27)
前髪《まえがみ》の
オシャレは
男《おとこ》のたしなみ♪
(株) ギャラクシー 営業部《えいぎょうぶ》
殿瓶《てんびん》 麗士《れいじ》 (29)
外見《がいけん》にこだわる
天秤座《てんびんざ》
あいつら…
今日《きょう》という
今日《きょう》は…!
まだ
来ない…
社長《しゃちょう》!!
ばん〜!!
社長室
…あれ?

集中力《しゅうちゅうりょく》がハンパない蠍座《さそりざ》
没頭
……
ガタン
ガタン
ガタン
ガタン
次《つぎ》は終点《しゅうてん》～終点《しゅうてん》○○～
（株）ギャラクシー 秘書室《ひしょしつ》
沙反《さそり》 摩耶《まや》（31）
ご親切《しんせつ》にありがとうございますねぇ…
いいえー どうせヒマですから
いつ来ても二の辺りはわかりにくくてねー
人《ひと》のいい魚座《うおざ》は迷子《まいご》のおばあちゃんを遠《とお》くまで連《つ》れてってた
（株）ギャラクシー 代表取締役社長《だいひょうとりしまりやくしゃちょう》
鵜尾《うお》 優《まさる》（45）
うちの会社《かいしゃ》はこんなんで大丈夫《だいじょうぶ》だろうか…
イラ イラ イラ
おはよーございますー！間《ま》に合《あ》ったー!!
ゴーール!!!
間《ま》に合《あ》ってない！
双子座《ふたござ》
コンビニでレジ横《よこ》のものとかついで買《が》いしちゃう
やだー！これ新発売《しんはつばい》のガムー!?
あっ こっちのチョコも初《はじ》めて見《み》るー!!
玩具販売店《がんぐはんばいてん》
（株）プラネット 販売部《はんばいぶ》
布多湖《ふたごこ》 知恵《ちえ》（22）

今日《きょう》のシャツには このゴールドのネクタイだろ!?
いやこっちの赤《あか》いハート柄《がら》も捨《す》てがたい!!
玩具《がんぐ》メーカー ライバル企業《きぎょう》
コスモ（株）営業部《えいぎょうぶ》 執至《しし》 翔一郎《しょういちろう》（30）
目立《めだ》ちたがりの獅子座《ししざ》
あっこの人《ひと》 1週間前《しゅうかんまえ》に俺《おれ》の足《あし》を踏《ふ》んだのに謝《あやま》らなかった人《ひと》…
ムカ
ムカ
コスモ（株）商品企画部《しょうひんきかくぶ》 音芽《おとめ》 拓弥《たくみ》（28）
根《ね》に持《も》つ乙女座《おとめざ》
よしっ 次《つぎ》は5丁目《ちょうめ》のスパイス屋《や》に行《い》って
その後《あと》8丁目《ちょうめ》の金物店《かなものてん》
2丁目《ちょうめ》で乾物《かんぶつ》買《か》って
15丁目《ちょうめ》で米《こめ》と小麦粉《こむぎこ》
バー いて屋《や》マスター 維手《いて》 大地《だいち》（?）
下半身《かはんしん》が馬《うま》の射手座《いてざ》はよく動《うご》き回《まわ》る
こんなふうに星座《せいざ》ごとに特徴《とくちょう》があるのです

このお話《はなし》の舞台《ぶたい》は
玩具《がんぐ》メーカーのギャラクシーを中心《ちゅうしん》に
ライバルのコスモ
うおおおお
は ー……
おもちゃを売《う》ってくれるプラネット
へーんしん!
売り物で遊ぶなー!
3社《しゃ》が集《つど》うバー いて屋《や》
遅刻《ちこく》しちゃったねー
のほー……
そうですねー
だっ!!
あっ会議資料《かいぎしりょう》忘《わす》れたので取《と》ってきます!!
は ー……
……
こんなゆかいな仲間《なかま》たちでくり広《ひろ》げられますお楽《たの》しみに!

はじめに

皆《みな》さん、はじめまして。占《うらな》い師《し》のキャメレオン竹田《たけだ》です。

よく血液型ごとに性格に違《ちが》いがあるっていわれますよね。例えば、A型は几帳面《きちょうめん》、B型は自己中《じこちゅう》といったように。

実は**西洋占星術《せいようせんせいじゅつ》（ホロスコープ）を使えば、星座ごとにも傾向がある**といわれているのです！　この本では、そんな**星座ごとの特徴を、各星座を擬人化《ぎじんか》したキャラたちが演じています。**

この本の楽しみ方はいろいろ。

「牡羊座《おひつじざ》ってやっぱり、行動力あるけどそそっかしいよね〜」「仕事は丁寧《ていねい》なんだけど納期《のうき》を守らずマイペースなところが、牡牛座《おうしざ》っぽいかも…」など、**友だち同士で「星座あるある」**

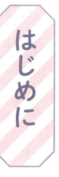

で盛り上がる。

「獅子座《ししざ》は褒《ほ》められると頑張《がんば》ってくれるから、長所を言ってあげよう」「水瓶座《みずがめざ》はほどよい距離感を好むから、あまりベタベタしないようにしよう」というふうに、**人付き合いのヒントにしてみる。**

あるいは、自分に注目してみて、**今まで気付かなかった長所を発見する。**

この本で、そんなことを感じ取ってくだされば嬉《うれ》しいです。

もちろん、この本に出ている各星座の特徴は、誰にでも必ず当てはまるとは言い切れません。

ただ、人間は**1人1人違うということを改めて意識するきっかけにしてもらえれば、人間関係でストレスが減ったり、他人にもっと興味を持ったり、自分に愛着がわいてくる**ようにも思うのです。

さあ、12星座さんたちが繰《く》り広げる世界へ、キャメレオン竹田がご案内しましょう〜。

「西洋占星術《せいようせんせいじゅつ》」って何？

西洋占星術《せいようせんせいじゅつ》とは、生まれた瞬間《しゅんかん》に天体を一時停止させた図で占う占術《せんじゅつ》です。この図をホロスコープといいます。天体の配置は、生年月日、出生時間《しゅっしょうじかん》、出生地《しゅっしょうち》により各人で変わってきます。**生まれた瞬間に作られた取扱い説明書**という感じかもしれません。

人の誕生時だけでなく、ペットが生まれた瞬間、お店をオープンさせた瞬間、婚姻届《こんいんとど》けを出《だ》した瞬間、起業《きぎょう》したときなどでもホロスコープを作ることができます。それでペットの性格、お店の今後、結婚《けっこん》生活、会社の未来など、いろいろと占うことができます。

ホロスコープを読み解《と》くことで、性格、才能、恋愛《れんあい》、結婚、仕事、お金、人間関係、健康までも占えるんですよ。

ただ本来、西洋占星術は10天体の配置をことこまかに見ていくのです。10天体とは、太陽、月、水星、金星、火星、木星、土星、天王星《てんのうせい》、海王星《かいおうせい》、冥王星《めいおうせい》です。

この本は、
西洋占星術をベースに
私が独自に生み出した
理論を使って
います

キャメレオン竹田

占い師、作家、画家、旅人

株式会社トウメイ人間製作所 代表取締役、
一般社団法人フォーチュンコーディネーター
協会 会長

西洋占星術とタロット、精神論を駆使した独自の占いカウンセリングで、現在は新規で鑑定を予約することが困難。テレビ番組では『お願い！ランキング』（テレビ朝日）や『TOKIOカケル』（フジテレビ）などに出演。その他ラジオ出演、雑誌の特集記事や『キャメレオン竹田のANA旅占い』をはじめとした連載ほか、LINE占いなどのアプリも複数監修。著書は『当たりすぎて笑える！星座★ 誕生日占い12星座シリーズ』（主婦の友社）、『スマホでかんたんホロスコープ 占星術 チョー入門』（KADOKAWA）、『22枚のカードで毎日がうまくいく タロット占い』（KADOKAWA）など計14冊。

よく皆さんが「私の星座は、○○座！」と言っているのは、生まれた瞬間に**10天体のひとつの太陽がその星座の場所を通過中だったという太陽《たいよう》星座《せいざ》**を指しているんです。

雑誌《ざっし》などの占いでは、この太陽星座しか使いませんが、月や土星など他の天体の星座も調べてみると別の面が見えてきます。つまり、**自分で○○座！と認識《にんしき》している太陽星座以外の星座も、皆さん少なからず特徴として持っている**んです。

というわけですね、太陽星座は、人生のあらゆる場面で、非常に強い影響を及ぼしますが、他の星座の影響を受けているということを頭の片隅《かたすみ》に入《い》れておいてみてください。そうすることで、もっとバラエティー豊かで素敵《すてき》なあなたが発見できるかもしれませんから。

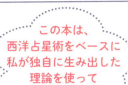

Contents

第2章 12星座は、個性が面白いほどバラバラ！

第3章 恋する12星座たち

第4章 見えない絆《きずな》で結ばれています

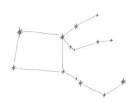

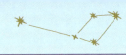

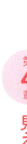

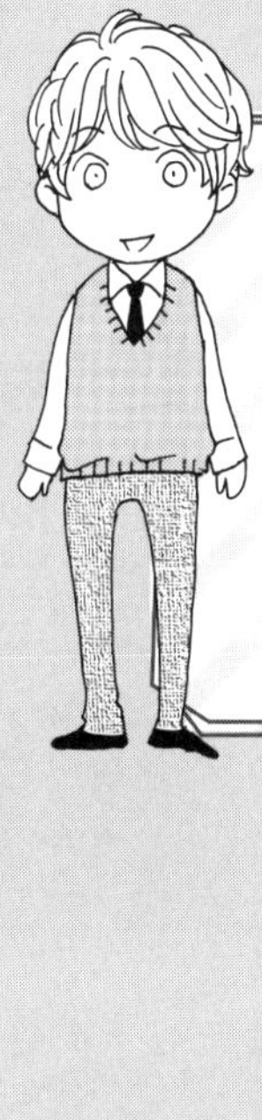

第1章

各星座の正体は…!?

Aries 牡《お》羊《ひつじ》座《ざ》

本名 緒日辻 隼人（おひつじ・はやと）

誕生日 4月1日　**年齢** 24歳　**性別** 男

会社と部署 （株）ギャラクシー　商品企画部

特徴

- ★ 行動力ありすぎ
- ★ 後先考えない
- ★ 正義の味方に憧《あこが》れている

♥0から１を生み出すのが得意　♥直観力がずば抜けている　♥好きな人ができたらすぐ告《こく》る　♥怒っても引きずらない　💀ドアにつま先をよくぶつける　💀感情が顔に出るので嘘《うそ》をつくのが苦手　💀重いものを持つと機《き》嫌《げん》が悪くなる　💀仕事は早いがケアレスミス多し

ねぇねぇ サンタさんは ほんとうに いるの～？
いるに 決《き》まってんだろ！ 君《きみ》たちがいい子《こ》に してたら必《かなら》ず 来《き》てくれるぞ!!
俺《おれ》のとこにも 去年来《きょねんき》て くれたぞ!!
えーっ ほんとう!?
ねぇねぇ おばけに 会《あ》ったこと あるー？
ほーーう…
おひつじさんは 人《ひと》に勇気《ゆうき》や情熱《じょうねつ》を 与《あた》えるのが好《す》き
あるけど 怖《こわ》くねぇな！ 俺《おれ》を見《み》て 逃《に》げ出《だ》したぞ 俺《おれ》が強《つよ》いから！
ええーっ すごーい!!
だから 君《きみ》たちもー 心を強く…

ひらめいたり、思い立ったら後先考えずすぐにやってみちゃうのも牡羊座《おひつじざ》の特徴。若干、ケアレスミスが多いが…。

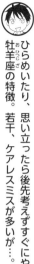

Taurus

牡《お》牛《うし》座《ざ》

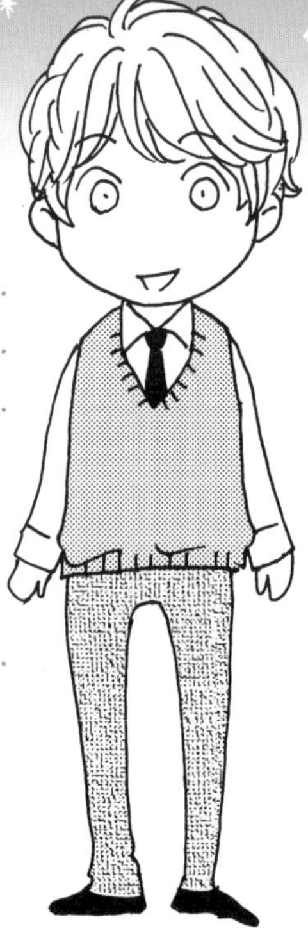

本名	追紫 安志（おうし・やすし）
誕生日	5月8日　年齢 27歳　性別 男
会社と部署	（株）ギャラクシー　商品企画部
特徴	

★石橋を叩いては壊《こわ》しての繰《く》り返し
★プレゼント攻撃《こうげき》はするのもされるのも好き
★ふかふかのソファに座りたがる

♥繰り返しの作業に強い　♥おいしい店に詳しい　♥動じずペースを崩《くず》さない　♥五感を満たすものが好き
💀仕事が丁寧《ていねい》すぎて締め切りを守らないことも　💀ランチのためならすごく遠くに行く　💀自分が体験したことしか信じない　💀行動に移すまでの時間が長い

うーん
うーん…
この作品《さくひん》
監督《かんとく》は確《たし》か
「タウラスの乙女《おとめ》」
で演出《えんしゅつ》
助手《じょしゅ》をしてたな
あのときは
いい仕事《しごと》を
したけれど
その後《あと》がイカン
でも これは…
うーん…
自分《じぶん》のペースを
絶対《ぜったい》に崩《くず》さない
おうしさん
あの役者《やくしゃ》の
出世作《しゅっせさく》で当時《とうじ》
話題《わだい》にはなったが
今観《いまみ》るとどうだろう
あのお客《きゃく》さん
あの調子《ちょうし》で既《すで》に
20分《ぶん》以上《いじょう》…
どうしたの
かしら？

いやー
よかった！
感動《かんどう》した!!
じーん
やっぱ百聞《ひゃくぶん》は一見《いっけん》に
しかずだね！
じっくり選《えら》んで
大正解《だいせいかい》!!
…
う…
うぐぐぐぐ…
名前《なまえ》
書《か》きたい
…!!
僕の
名前!!
所有欲《しょゆうよく》の強《つよ》い
おうしさんは
一度《いちど》ゲットした
ものは手離《てばな》し
たくない派《は》です
ぐぐぐ…

マイペースで少々時間はかかるが、自分で納得したものを選んだり作ったりするのが牡牛座《おうしざ》のポリシー。

Gemini 双子座《ふたござ》

本名　布多湖 知恵（ふたご・ちえ）

誕生日　6月16日　年齢　22歳　性別　女

会社と部署　（株）プラネット　販売部

特徴

★流行に敏感《びんかん》で詳しい
★SNSやメールの返信が異常に早い
★テレビのチャンネルをすぐに変える

♥フットワークが軽く多くの場所に顔を出す　♥何でも興味《きょうみ》を持つ　♥情報番組をよく見ている　♥試供品《しきょうひん》や体験エステなどのお試しが大好き　💀昨日言ったことも忘れている　💀話を広げすぎて全然違う話にしてしまう　💀長続きしない　💀ベッタリとした関係を嫌う

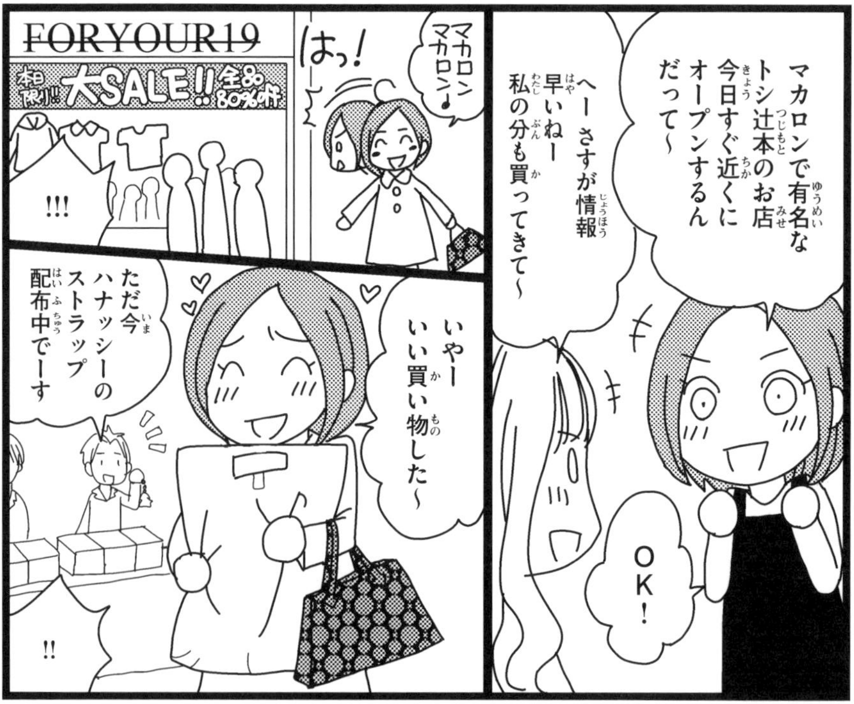

マカロンで有名《ゆうめい》なトシ辻本《つじもと》のお店《みせ》今日《きょう》すぐ近《ちか》くにオープンするんだって～
へーさすが情報《じょうほう》早《はや》いねー私《わたし》の分《ぶん》も買《か》ってきて～
OK!
マカロンマカロン♪
はっ!
FORYOUR19
本日限り!! 大SALE!!
!!!
いやーいい買《か》い物《もの》した～
ただ今《いま》ハナッシーのストラップ配布中《はいふちゅう》でーす
!!

好奇心旺盛《こうきしんおうせい》で、臨機応変《りんきおうへん》にいろんな情報を浅く広く仕入れてくるのが双子座の持ち味。

かわいーー!
ハナッシー
やだー 嬉《うれ》しい!!
おなか すいたな…
ぐー
あっ ここの カルボナーラ 友《とも》だちがおいしい って言《い》ってたとこ…
食《た》べちゃお♡
パスタ ランチ ¥1000
あれー? これちょっと 派手《はで》すぎた かなぁ
安かったから 買ったけど
まっ いっかぁ! 明日《あす》会社《かいしゃ》のコに あげちゃえ☆
おはよ! ねぇねぇ 例《れい》のアレ ゲット できた!?
あっ
はい コレっ♡
?
マカロンに しては ずいぶん 大《おお》きい…
……ナニコレ……?
テヘ!☆
あっ あんたにも ちょっと派手《はで》 だった!?
じゃなくて!
えっと コレだった っけ?
これ 食《た》べれるの!?

フットワークが軽《かる》くて
忘《わす》れっぽくて
熱《ねっ》しやすく冷《さ》めやすい
ふたごさん

Cancer

蟹《かに》座《ざ》

本名	香似 真莉子（かに・まりこ）				
誕生日	7月14日	年齢	33歳	性別	女
会社と部署	（株）ギャラクシー　総務部				
特徴					

★面倒見がよい
★手作りが好きでお母さんのような雰囲気《ふんいき》
★カードのポイントを集めるのに熱心

♥困った人を放っておけない　♥お土産をたくさん買ってくる　♥あだ名を考えてくれる　♥キャラものに弱い
💀敵と味方の区別がはっきりしている　💀皆でおそろいのものにしたがる　💀新入りに厳しいヤンキー気質
💀押しつけがましい

面倒見《めんどうみ》がよく世話好《せわず》きのかにさん
町内
休日《きゅうじつ》はよく町内会《ちょうないかい》のイベントにも顔《かお》を出《だ》します
あっ山田《やまだ》さん！
この前《まえ》腰《こし》が痛《いた》いって言《い》ってなかった？
コレ手編《てあ》みのハラマキ！
今年の冬寒いってよ〜
わあ！ありがとう〜!!

身内や仲間と認識した人たちに愛情を注ぎ、母親のように
いろいろ面倒をみてしまうのが蟹座《かにざ》っぽいところである。

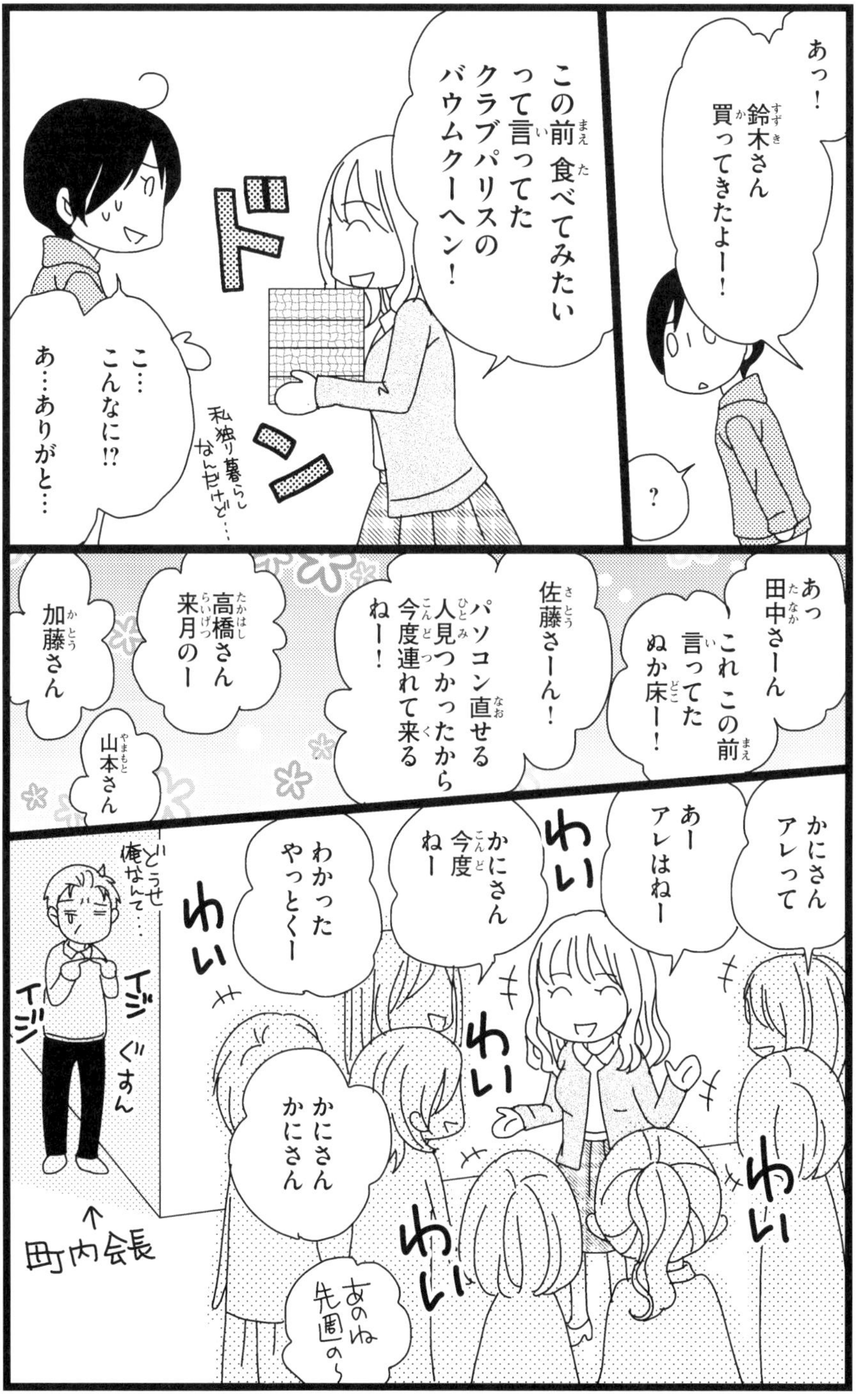

あっ！
鈴木《すずき》さん買《か》ってきたよー！
？
この前《まえ》食《た》べてみたいって言《い》ってたクラブパリスのバウムクーヘン！
ドン
こ…こんなに!?
あ…ありがと…
私独り暮らしなんだけど…
あっ田中《たなか》さーん
これこの前《まえ》言《い》ってたぬか床《どこ》ー！
佐藤《さとう》さーん！
パソコン直《なお》せる人見《ひとみ》つかったから今度《こんど》連《つ》れて来《く》るねー！
高橋《たかはし》さん来月《らいげつ》のー
加藤《かとう》さん
山本《やまもと》さん
かにさんアレって
あーアレはねー
わい
かにさん今度《こんど》ねー
わかったやっとくー
わい
わい
かにさんかにさん
わい
わい
あのね先週の〜
どうせ俺なんて…
イジイジ
ぐすん
↑町内会長

獅子座《ししざ》

本名	執至 翔一郎（しし・しょういちろう）
誕生日	8月7日　年齢 30歳　性別 男
会社と部署	コスモ（株）　営業部
特徴	

- ★表現力や創造力《そうぞうりょく》が豊か
- ★派手で目立ちたがり。存在感がある
- ★遊園地が好きなど童心を忘れていない

♥周囲を盛り上げる　♥褒《ほ》められると伸びていく　♥創造力がありエンタメ方面に強い　♥声も態度も大きく元気　☠注目されないとヤジをとばす　☠デートの演出が凝りすぎ　☠喜んでもらわないとひどく落ち込む　☠中心人物にならないと舌打ちすることも!?

ふぁさ…っ
わぁ…！
こんなたくさんのバラもらったの初《はじ》めて!!
キレーイ♡
フッ
君《きみ》の美《うつく》しさには負《ま》けるけどね…
さ お手《て》をどうぞ

わぁ!!
A子ちゃん HAPPY BIRTHDAY! ♥WITH LOVE♥
A子《こ》ちゃーん 迎《むか》えに 来《き》たよー!
あ…え… あ… ありがとう
ある日《ひ》
おはよう
ボロ!!
わッ!! ししさん どうしたんですか!?
事故《じこ》!?
いやー 彼女《かのじょ》んちの窓《まど》から グライダーで 訪問《ほうもん》したら ロマンチックだな と思《おも》って練習《れんしゅう》を…
オレ天才!!
やめろ バカ!!
お前《まえ》は アホか!!
その努力《どりょく》 他《ほか》に向《む》けろ!!
なっ 何《なん》でだよ!!?
彼女《かのじょ》もイイ 迷惑《めいわく》だなー…

何事も映画のワンシーンのようなドラマティックな演出を仕掛《しか》けて、酔《よ》いしれるのが獅子座《ししざ》さんならではの行動パターン。

Virgo

乙《おと》女《め》座《ざ》

本名 音芽 拓弥（おとめ・たくみ）

誕生日 9月10日　**年齢** 28歳　**性別** 男

会社と部署 コスモ（株）　商品企画部

特徴

- ★ 完《かん》璧《べき》主《しゅ》義《ぎ》
- ★ 全部自分１人でやってヘトヘトになる
- ★ キレイ好きだけど一部だけすごく汚い

♥人の役に立つのが好き　♥手先が器用で細かい作業が得意　♥人が気付かない所も目が届く　♥几帳面だけど家では超リラックス　💀ツッコミでの毒《どく》舌《ぜつ》ぶりが厳《きび》しい　💀ストレスが多く１人飲みが頻《ひん》繁《ぱん》　💀相手が謝らないと引きずる　💀フォローは上手だが仕切るのが苦手

チュン
チュン
線を引いたように
きっちり
な 部屋
に住《す》む
おとめさん

でもそんな
彼《かれ》の1日《にち》は
――
ここから始《はじ》まる
ことが多《おお》い――
……
ストレスためると
腹《はら》にキちゃう
タイプなんで…
ゴロゴロゴロ…
ラ〜ララ…
その主《おも》な
原因《げんいん》は
あの…
ハンコを…
よーし
オレに任せろ!!
オレによる
オレがやる
オレのために
オレが
オレが!!
……
キリキリ
キリ
キリ

気を使いすぎると胃腸《いちょう》に出やすいのが、乙女座の傾向。
つまり、胃腸の調子が乙女座のストレスバロメーターとなる。

Libra

天《てん》秤《びん》座《ざ》

本名　殿瓶 麗士（てんびん・れいじ）

誕生日　10月17日　年齢　29歳　性別　男

会社と部署　（株）ギャラクシー　営業部

特徴

- ★ イケメン風、美人風
- ★ 接客業に向いている
- ★ 自分が格好よく＆悪く見える角度を知っている

♥相手を気持ちよくさせる振る舞いができる　♥口説《くど》くのが上手　♥人脈を広げるのが得意　♥インテリアやディスプレイに凝《こ》る　☠ワインを傾《かたむ》けるなど動きがキザ　☠ルックスを褒《ほ》められると何か買ってあげてしまう　☠比較したがる　☠社員食堂などでも格好つける

し…失礼《しつれい》なんですけどモデルさんとかですか？
すっごいステキなので…
そんなんじゃないよ
ただのしがない会社員《かいしゃいん》さ
ふ…っ
ポッ
あの人《ひと》かっこいいー
うれいを帯《お》びた表情《ひょうじょう》がまたたまんないわー
……
でもどうしたのかしら…何《なに》か悲《かな》しそう…
悩《なや》みがあるなら私《わたし》がいやしてあげたい♥
いってーー!!
しかしオシャレはガマンだ!!がんばったぞ俺《おれ》!!
履《は》き心地《ごこち》より見《み》た目《め》重視《じゅうし》のてんびんさん
くつずれ

12星座の中で一番オシャレな天秤座《てんびんざ》。ルックスのためなら、ちょっとやそっとの我慢《がまん》は惜しまない。

Scorpion 蠍座《さそりざ》

本名 沙反 摩耶（さそり・まや）

誕生日 11月13日　**年齢** 31歳　**性別** 女

会社と部署 （株）ギャラクシー　秘書室

特徴

★集中力がハンパない
★嘘《うそ》を一瞬で見抜く
★怒りを抑えるのが苦手で鉛筆《えんぴつ》をよく折る

♥トイレに行くのも忘れて仕事に没頭　♥色気がある　♥一度信頼した人への忠誠心《ちゅうせいしん》が強い　♥物事を深く掘り下げる　💀嫌《いや》なことを全部覚えている　💀OKとNGの線引きが露骨《ろこつ》　💀ザワついた場所が苦手　💀我慢《がまん》しすぎて最後に爆発《ばくはつ》する

ねー
夏《なつ》の旅行《りょこう》
どこに行《い》こっかー
きゃっ
きゃっ
タイのビーチとかいいんじゃない!?
きゃっ
きゃっ
アジアのリゾートもいいよね!
バリは?
ウブドとかも素敵《すてき》よ!
プール付《つ》きのヴィラとかー
いいねー!
きゃっ
実《じつ》はヨーロッパに行《い》きたいさそりさん

「これはOK」「これは絶対ダメ」といった強固な判断基準を、蠍座《さそりざ》は持っている。

でもりのは3年前《ねんまえ》！
日焼《ひや》けで水《みず》ぶくれができて大変《たいへん》だって泣《な》いてたよね!?
ゆきは登山《とざん》したとき虫《むし》がダメって言《い》ってなかった？アジアは出《で》るよーでっかいヤツ！
まゆは高温多湿《こうおんたしつ》な場所《ばしょ》が～
っっっ
でででででも！
ピキン
かわいいビキニ着《き》れるのなんて今《いま》だけだよ!?
よーし！じゃあアジアリゾートにしよーー!!
さんせーい!!
変更《へんこう》が嫌《きら》いなさそりさんだがその辺《へん》の線引《せんび》きははっきりしている

Sagittarius

射《い》手《て》座《ざ》

本名	維手 大地（いて・だいち）
誕生日	12月15日　年齢　不詳　性別　男
会社と部署	バー　いて屋　マスター
特徴	

★明るく楽観的で外人っぽい
★自由をこよなく愛する
★旅立てるよう大型バッグとガイド本を常備

♥全体を俯瞰《ふかん》する力がある　♥上昇志向が強い　♥議論が得意　♥下半身が馬のようでよく動き回る　☠どうでもいいことでも競いたくなる　☠言い訳をすぐ考える　☠大雑把《おおざっぱ》なので細かい所を見落とす　☠ルールが多いと力を発揮できない

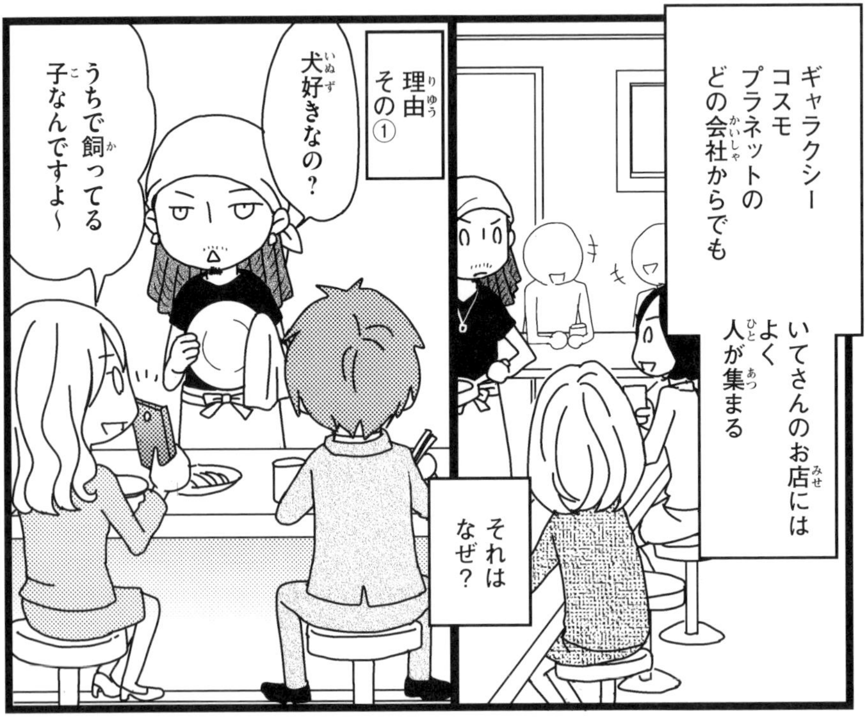
ギャラクシーコスモプラネットのどの会社《かいしゃ》からでも
いてさんのお店《みせ》にはよく人《ひと》が集《あつ》まる
それはなぜ？
理由《りゆう》その①
犬《いぬ》好《ず》きなの？
うちで飼《か》ってる子《こ》なんですよ～

射手座《いてざ》は今現在その場所にはないものを常に求める傾向があり、次の目標や、ライバルがいるとどんどん向上していく。

クル
クル
クル
犬《いぬ》…犬《いぬ》といえば
モンゴルでは犬《いぬ》が死《し》ぬと人間《にんげん》に生《う》まれ変《か》わるっていわれてんだよね
へーー！
豊富《ほうふ》な海外旅行《かいがいりょこう》からくる雑学《ざつがく》が面白《おもしろ》い！
理由《りゆう》その② 旅行経験《りょこうけいけん》を活《い》かし研究熱心《けんきゅうねっしん》ないてさんが日本人用《にほんじんよう》にアレンジした世界《せかい》の珍《めずら》しい食《た》べ物《もの》が食《た》べられる
今週《こんしゅう》はブラジル料理《りょうり》のフェイジョアーダ
豚肉《ぶたにく》と合《あ》う信州《しんしゅう》の特級味噌《とっきゅうみそ》で下味《したあじ》をつけたから日本人《にほんじん》でも食《た》べやすいよー
※豆と豚肉や牛肉を煮込んだ料理
理由《りゆう》その③ 競合店《きょうごうてん》よりおいしい！
東口《ひがしぐち》にできたメキシコ料理屋《りょうりや》なかなかだったよ〜
メラ
ホント〜？行ってみたい〜！
ふむふむピリ辛《から》タコスに○○…
うちで出《だ》すとしたらここに××を加《くわ》えて…
ライバルがいることで磨《みが》かれるタイプのいてさんでした

Capricorn

山《や》羊《ぎ》座《ざ》

本名　屋祇 秀則（やぎ・ひでのり）

誕生日　1月9日　年齢　42歳　性別　男

会社と部署　（株）ギャラクシー　事業本部　部長

特徴

★メンバーをまとめる力がある
★スーツなどカチっとした服が似合う
★肩書や経歴に弱い

♥責任感が強い　♥締め切りやルールを厳守　♥目標や計画をしっかり設定する　♥怒っても冷静で感情を表に出さない　💀メリットがないと動かない　💀デートがマニュアル化しがち　💀無駄なことを許さない　💀タメロを嫌う

先生《せんせい》
生《なま》クリームの
硬《かた》さって
これぐらいで
いいですか？
そうね
もう少《すこ》し
かなー
ツノが立《た》つ
くらい
先生《せんせい》
スポンジの
焼《や》き具合《ぐあい》
って～
それはね
シタッ!
先生《せんせい》
私《わたし》も質問《しつもん》
よろしいですか？
生《なま》クリームを
しぼるときは
何《なん》パスカルの
圧力《あつりょく》をかければ
最《もっと》も美《うつく》しい
デコレーションが
再現《さいげん》できますか？
子《こ》どもが最《もっと》も
喜《よろこ》ぶ糖度《とうど》は何《なん》%が
妥当《だとう》でしょうか？
それと
え…
ええと…
ポカーン…
ふむ
それ試作《しさく》
っスか？
新製品
"くまの
ケーキ屋さん"
合理主義《ごうりしゅぎ》のやぎさんは
休日《きゅうじつ》の行動《こうどう》も
仕事《しごと》に直結《ちょっけつ》している
くまの
ケーキ屋さん
にゅー

無駄なことは避けて、やることと全てに何らかの意味を持たせたり形にしていくのが、山羊座《やぎざ》の得意技。

Aquarius 水《みず》瓶《がめ》座《ざ》

本名　瑞賀米 薫（みずがめ・かおる）

誕生日　2月2日　年齢　34歳　性別　男

会社と部署　（株）ギャラクシー　広報宣伝部

特徴

★博愛主義者《はくあいしゅぎしゃ》

★変わったものが好き

★宇宙人（変人扱いされると嬉しい）

♥発想が斬新《ざんしん》　♥人と人をつなぐのが得意　♥面白い情報を多く持っている　♥SNSを使いこなす　💀ガンガン寄ってくる人には冷たい　💀都合が悪くなると屁理屈《へりくつ》を並べる　💀大衆的なものはあまり好きではない　💀差別化がエスカレートして奇抜《きばつ》になる

孫《まご》が最近《さいきん》私《わたし》の絵《え》を描《か》いてくれるようになってねー
うんうん
うちの孫《まご》がおたくのおもちゃが好《す》きで
ありがとうございます

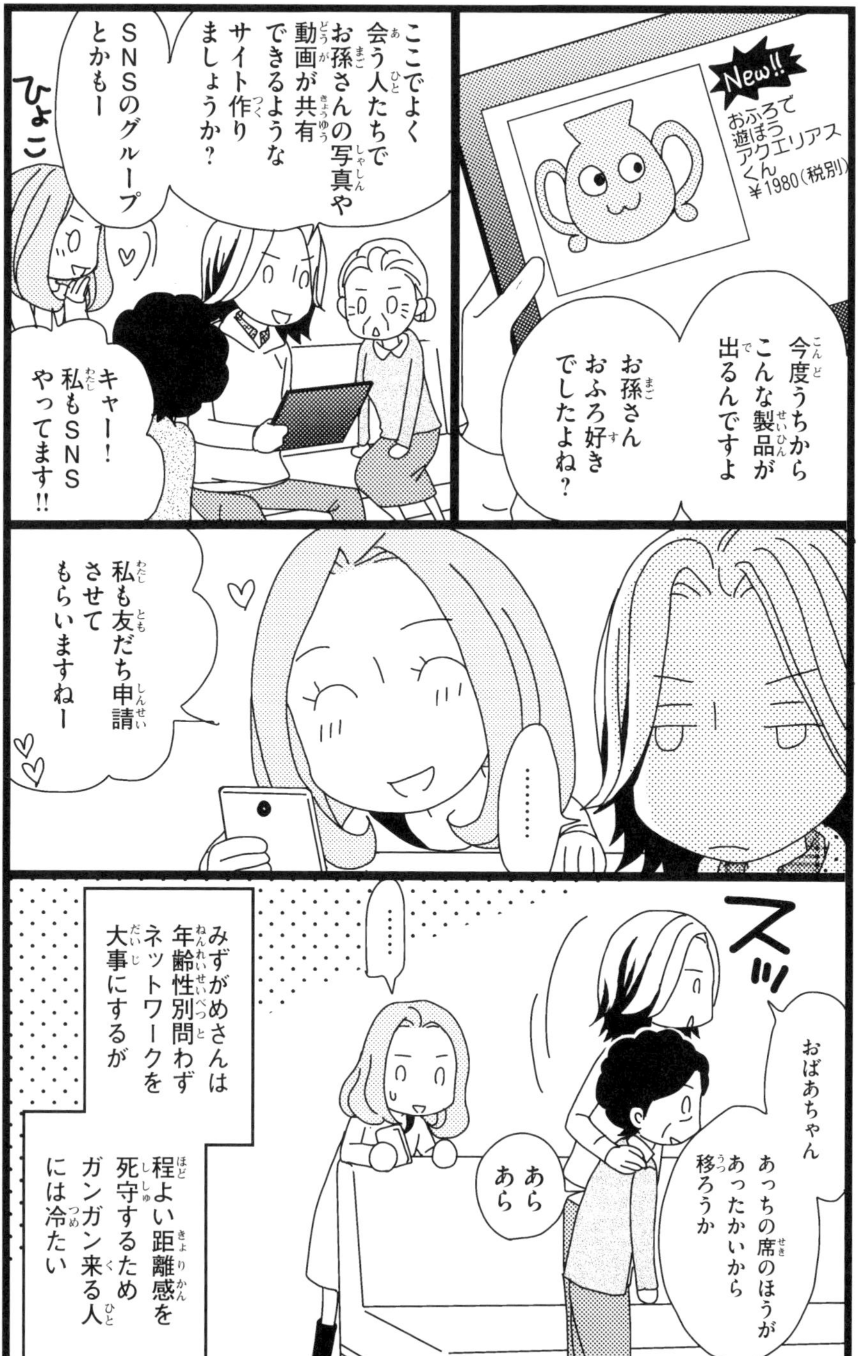
New!!
おふろで遊ぼうアクエリアスくん
￥1980（税別）
今度《こんど》うちからこんな製品《せいひん》が出《で》るんですよ
お孫《まご》さんおふろ好《す》きでしたよね？
ここでよく会《あ》う人《ひと》たちでお孫《まご》さんの写真《しゃしん》や動画《どうが》が共有《きょうゆう》できるようなサイト作《つく》りましょうか？
SNSのグループとかもー
ひょこ
キャー！私《わたし》もSNSやってます!!
私《わたし》も友《とも》だち申請《しんせい》させてもらいますねー
……
スッ
おばあちゃんあっちの席《せき》のほうがあったかいから移《うつ》ろうか
あらあら
……
みずがめさんは年齢性別《ねんれいせいべつ》問《と》わずネットワークを大事《だいじ》にするが
程《ほど》よい距離感《きょりかん》を死守《ししゅ》するためガンガン来《く》る人《ひと》には冷《つめ》たい

人との距離感を平均化させたい水瓶座《みずがめざ》は、しつこい人とは距離を置く一方で、さっぱりしている人には自ら距離をつめる。

Pisces

魚座《うおざ》

本名	鵜尾 優（うお・まさる）
誕生日	3月14日　年齢 45歳　性別 男
会社と部署	（株）ギャラクシー　代表取締役社長
特徴	

★愛されキャラで周りを癒《いや》す
★すぐ妄想《もうそう》に入ってしまう
★悩んでいる自分が実は大好き

♥優しい　♥デザインセンスがありロマンチスト　♥創作活動や運動で落ち込んだ状態から回復できる　♥目の中に星が輝いている　💀一度褒《ほ》められただけで、自分に気があると勘違いすることがある　💀相手がドSだとドMになる　💀自分探しの旅が止まらない　💀優柔不断《ゆうじゅうふだん》

うおさんの趣味《しゅみ》は占《うらな》い
魚座《うおざ》の今日《きょう》のラッキーカラーは赤《あか》！
赤
今日《きょう》のラッキーアイテムは！
へーにぼしかー
ほうほう
自分《じぶん》でも占《うらな》うし占《うらな》ってもらうのも好《す》き

魚座は、悩むこと自体が趣味だったりする。なので、全て解決して悩む対象がなくなると、退屈な気分になってしまう。

手相
占い
今年《ことし》は新《あたら》しいことにチャレンジすべき年《とし》です
自分《じぶん》から積極的《せっきょくてき》に動《うご》くべきですね
……
顔相占い
今年《ことし》はじっとパワーをためる時期《じき》です
むやみに動《うご》かず現状維持《げんじょういじ》すべきね
動《うご》くべきか動《うご》かざるべきか…
うむ…
迷《まよ》ってる自分《じぶん》が好《す》きなうおさん
フッ
でも今年《ことし》は新事業《しんじぎょう》を立《た》ち上《あ》げる予定《よてい》だしなー
でもライバル社《しゃ》の動向《どうこう》が…
だけどアドバイスをもらっても聞《き》かないことが多《おお》い

星座のグルーピング
①

「火《ひ》」のグループ
牡羊座《おひつじざ》、獅子座《ししざ》、射手座《いてざ》

12 星座は火、地《ち》、風《かぜ》、水《みず》の４つのグループに分けることができます。まずは火のグループから。「炎のように上に向かって舞っていきたい！」。そんな熱いハートの持ち主の火のグループ同士が集まると、内輪《うちわ》だけでどこまでも盛り上がります。やりがいやドキドキ、ワクワクといった高揚感《こうようかん》をモチベーションに行動しますが、やや具体性に欠ける所も…。

それぞれの特性《とくせい》をプロレスラーに置き換えてみると…

牡羊座《おひつじざ》

新しいことを生み出していくときに燃えるタイプ。常にテンション高めで、目の中に炎が燃えているマンガのキャラクターがピタリと当てはまります。また、牡羊座《おひつじざ》はアイデアマン。プロレスだと新しい技を次々に生みだしてくれるでしょう。ただし、すぐに疲れてしまうところも!?

射手座《いてざ》

高い目標を掲《かか》げ、精神的《せいしんてき》に高揚《こうよう》していくタイプが射手座《いてざ》です。牡羊《おひつじ》座《ざ》が出《だ》したアイデアに、射手座《いてざ》が新たなアイデアをかぶせて最初の案を増幅《ぞうふく》していくことも。相手の出方を見ながら行動する臨機応変《りんきおうへん》なところがあるので、プロレスなら「技を破る技」を生み出してくれるかも！

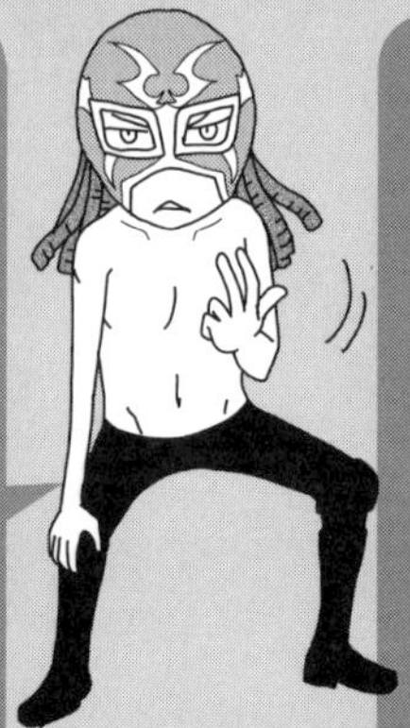

獅子座《ししざ》

獅子座《ししざ》は外に向かって積極的にアピールしていくタイプ。マットに上がるときは入場も派手にしたいし、アピール力のあるキメ技で勝ちたいと思っています。とはいえ派手さだけを求めるのではなく、同じことを繰り返しながら技を強化していくタイプなので、決めるときには決めてくれる！

他《ほか》のグループとの相性《あいしょう》は？

地《ち》：山《や》羊《ぎ》座《ざ》、牡《お》牛《うし》座《ざ》、乙女座

風《かぜ》：天《てん》秤《びん》座《ざ》、水《みず》瓶《がめ》座《ざ》、双子座

水《みず》：蟹《かに》座《ざ》、蠍《さそり》座《ざ》、魚座

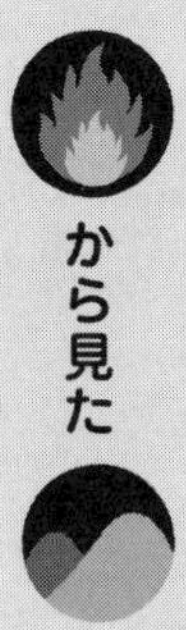

火の出したアイデアに、「まとまった資金はあるのか？」「現場を見てきたのか？」と現実的なアドバイスをするのが地。「ミュージシャンになりたい！」という息子に「音楽で食っていけるのか？　せめて大学は出ておきなさい」と諫《いさ》める父と息子のような関係性です。相性は△といったところでしょうか。

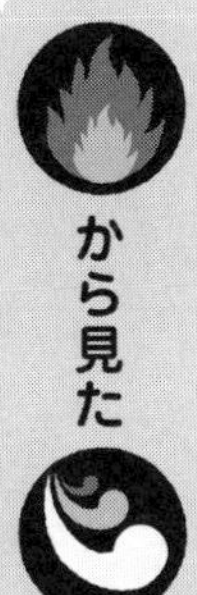

火がノリノリでアイデアを出しているときに、風がよい情報をもたらしてくれるので、火と風がいれば、物事は横にグーッと広がっていきます。相性はいいのですが、ノリノリな状態になるだけで、具体性に欠けることも。やはり、他のグループの星座も加わった方がバランスのよいチームになります。

火はその場のノリで物事をやっつけがちなので、家族や恋人やパートナーの気持ちを汲《く》みながら物事を進めていきたい水は、火のテンションを消してしまうことも。火と水の相性はあまりよくありませんが、気をつけながらお互い接すれば、いったん弱火にはなってしまうものの、やがて火力は安定していきます。

星座のグルーピング ②

「地《ち》」のグループ
山羊座《やぎざ》、牡牛座《おうしざ》、乙女座

「火《ひ》」のグループの解説は楽しんでいただけましたでしょうか？　さて次は「地」のグループです！　その「地」ですが、現実的な見返りや具体性、目に見える物をメインに考え、しっかりとした地固めをしていくグループです。地同士で居ると、お互いに現実的で着実に物事を進めていくので安心感があります。しかし、次の段階に進むにはやはり他のグループの知恵や勇気、結束力《けっそくりょく》や共感が必要です。

それぞれの特性《とくせい》を「職人」に置き換えてみると…

山羊座《やぎざ》

目標を掲《かか》げて、その目標に向かって邁《まい》進《しん》していくタイプの山羊座《やぎざ》は、腕《うで》のいい職人を束ねてコツコツと信頼を得て行く頭領《とうりょう》タイプ。向上心もあるので、顧客満足度《こきゃくまんぞくど》は高く安定感もあるのですが、広がりが弱いので大きな商《あきな》いにはならないかも。火や風《かぜ》、水《みず》など他のグループとうまく付き合えたら、相乗効果《そうじょうこうか》を生み出すはずです。

乙女座

人の役に立ちたい乙女座は、コツコツと真面目に作業をこなす縁の下の力持ち的な職人になりそうです。人から「ありがとう」を言われると幸せを感じる自己犠牲《じこぎせい》の精神があるので、みんなから感謝されるとムリをしすぎてストレスをためてしまうことも。「ムリしてるな」と思ったら一度立ち止まってみて。

牡牛座《おうしざ》

牡牛座《おうしざ》は天性《てんせい》の職人《しょくにん》タイプで、感性のおもむくままにひとつの作業をコツコツとこなします。五感全体で完成形を想像しながら作業を進めていくので、非常によいものを作り上げるのですが、いかんせん作業が遅い。一緒に工房《こうぼう》を開くなら、山羊座《やぎざ》など納期をきっちり守るタイプと組むとよいでしょう。

他《ほか》のグループとの相性《あいしょう》は？

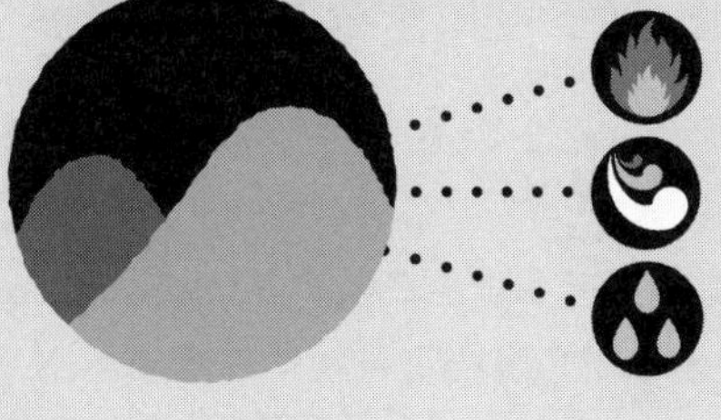

火《ひ》：牡羊座《おひつじざ》、獅子座《ししざ》、射手座《いてざ》

風《かぜ》：天秤座《てんびんざ》、水瓶座《みずがめざ》、双子座

水《みず》：蟹座《かにざ》、蠍座《さそりざ》、魚座

しっかりと地固めをしたい地に対し、火は上に向かって飛んでいきたいところがあります。例えば、地が家を買うために地道に貯金していたのに、火が「起業したいから、お金を貸して」なんてアテにされてしまうことも。一見、相性のよくない同士ですが、お互いの特性を理解することで、大いなる成長につながります。

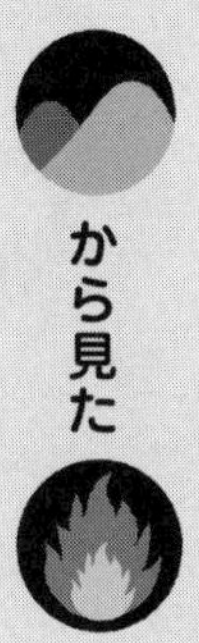

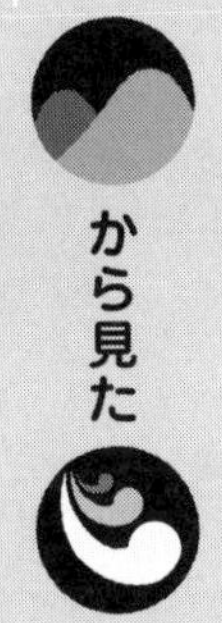

地が固めた土を吹き飛ばしてしまう風。本来、両者の相性はあまりよくありません。地が風から受けた注文の品を納品しようとした直前に、風から「やっぱりこうして」とひっくり返されてしまうことも。しかし、そこでイライラするのはもったいないというもの。風の特徴をつかんで、お互いによりよい関係を築きましょう。

地が掲げた目標に共感し、目標達成に向けて仲間を連れてきてくれるなど非常に相性のよいグループです。お互いの関係性は非常に密になりますが、そこからの広がりはあまりなく、例えるなら「地」というバーの常連客が水というイメージです。新しい情報を持ってきてくれる風やアイデアを出してくれる火とも上手に付き合いましょう。

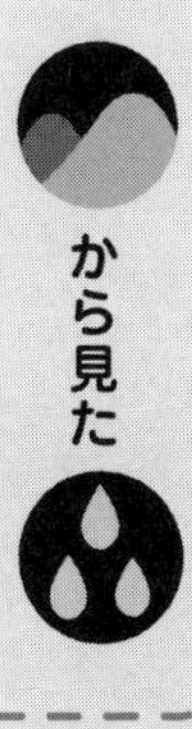

星座のグルーピング ③

「風《かぜ》」のグループ

天秤座《てんびんざ》、水瓶座《みずがめざ》、双子座

12星座は火《ひ》、地《ち》、風、水《みず》の4つのグループに分けられますが、中でも風のグループは風通しがよく、新しい情報を取り入れて横へ横へと広がっていきます。コミュニケーション上手の風同士でいると、知識も情報も人脈も増えてお互いにとても楽しいのですが、次の段階に進むためには他のグループが必要です。全てのグループと仲よくできたら、怖いものなしですよね。

それぞれの特性《とくせい》を「お花屋さん」に置き換えてみると…

天秤座《てんびんざ》

愛嬌《あいきょう》たっぷりで他人に対するホスピタリティーを常に忘れない天秤座《てんびんざ》はサービス業向き。もし、お花屋さんで働くとしたら間違《まちが》いなく売り場担当です。また、外に対して積極的に働きかけていくタイプで、新しいものを求めてめまぐるしく行動するので、新種の植物を求めてプラントハントに出掛《でか》けることも⁉

双子座

気が変わりやすいのがたまにキズですが、好奇心《こうきしん》がハンパなく、自ら行動し、なんでも器用にこなすのが双子座。お花屋さんは季節ごとに商品が入れ替わるので、その都度替わるディスプレイなどを担当すれば、柔軟な発想でさまざまなアイデアを取り入れながら、他店にはない斬新《ざんしん》なものを作ってくれそうです。

水瓶座《みずがめざ》

博愛主義《はくあいしゅぎ》の水瓶座《みずがめざ》は、あらゆる植物の面倒をまんべんなく見る育成担当がぴったり。仲間内でべったり固まったりしない面でも、物言わぬ植物相手の仕事に合っています。またリサーチが得意なので、天秤座《てんびんざ》がハントしてきた珍しい植物などの生態も調べ上げ、真摯《しんし》にお世話してくれます。

他《ほか》のグループとの相性《あいしょう》は？

火《ひ》：牡羊座《おひつじざ》、獅子座《ししざ》、射手座《いてざ》

地《ち》：山羊座《やぎざ》、牡牛座《おうしざ》、乙女座

水《みず》：蟹座《かにざ》、蠍座《さそりざ》、魚座

から見た

目標が定まったら猪突猛進《ちょとつもうしん》、上へ上へとあがっていきたい火のグループは、風が一生懸命《いっしょうけんめい》集めてきた情報を活用してさらに上を目指すので、一緒に居ると自然と風もテンションが上がります。非常に相性のいいグループといえるでしょう。ただし舞いあがりすぎて、リスクを考慮《こうりょ》しなかったり、地に足着いた計画からかけ離れてしまう可能性も。

から見た

自由でいることが大事な風にとって、現実的なメリット・デメリットを重要視し、その場所に居座ってしまう地のグループは理解しがたい存在。また、風は地が好む会社や結婚、契約といった社会的な枠組や縛《しば》りもあまり好みません。もし、一緒に仕事をしたり同居する事になった場合、お互いの時間を尊重するよう心がけましょう。

から見た

風から見た水は人間関係がベタベタしすぎていて、少し相容《あいい》れないものがあります。もし、風がレストランを開いたとしたら、仲間同士集まってたむろしがちな水に対し、「早く帰ってくれないかなぁ」なんて思いを抱《いだ》きそう。お互いのそんな特性を考慮して、水は風が集めてきた情報に共感するにとどめる程度にして徐々に距離感を掴《つか》んでいきましょう。

星座のグルーピング④

「水《みず》」のグループ

蟹《かに》座《ざ》、蠍《さそり》座《ざ》、魚座

グルーピングも「水」でいよいよ最後。さて「水」は、どんな特徴があるのでしょうか？同じグループ同士は相通《あいつう》じる感性を持っていますが、中でも水のグループは共感力が高く、コップの中の水のように常にひっついていたいので、水同士一緒に居るだけで満たされます。ただ、新たなことに挑戦すべきときはテンションを上げてくれる火《ひ》など、他のグループと一緒に行動するとよりよい結果が得られます。

それぞれの特性《とくせい》を演劇界に置き換えてみると…

蟹《かに》座《ざ》

自ら行動して新しいものを追い求める主体的な蟹《かに》座《ざ》は、母性のかたまりのような星座。アットホームな関係性を好み、家族・身内・仲間を大切にする座長《ざちょう》タイプの星座です。まだ自分が仲間だと認めていない人に対してちょっぴり冷たいところもありますが、基本的には頼れる面倒見のよい星座です。

魚座

相手によって臨機応変《りんきおうへん》に対応できる柔軟な魚座は、脚本家や演出家の狙《ねら》い通りに役を演じ分けられる器用な役者タイプ。自分がコロコロ替わるタイプなので、直前の急な変更にもムリなく対応することができます。ただし、方針やルールを維持《いじ》することはちょっと苦手。ロングスパンの役どころには向かないかも⁉

蠍《さそり》座《ざ》

蠍《さそり》座《ざ》の辞書に「中途半端《ちゅうとはんぱ》」という文字はありません。物事の奥の奥、裏の裏まで知りたいという「とことん」の人です。そんな蠍《さそり》座《ざ》は、人と人との関係性や深層心理《しんそうしんり》を描き出す脚本家に向いています。普段はスイッチをオフにしてボーッとしていることもありますが、コレと決めたら本領を発揮してくれます。

他《ほか》のグループとの相性《あいしょう》は？

火《ひ》：牡羊座《おひつじざ》、獅子座《ししざ》、射手座《いてざ》

地《ち》：山羊座《やぎざ》、牡牛座《おうしざ》、乙女座

風《かぜ》：天秤座《てんびんざ》、水瓶座《みずがめざ》、双子座

から見た

水は火と一緒に居たいのに、火は自分の気のおもむくまま、テンションが上がる方に向かっていってしまいますので、水が切ない思いをすることになりそう。どちらかというと水は依存心《いぞんしん》が強く、火は自立しているので火と水が結婚すると、週末は一緒に過ごしたい水と楽しい行事に繰《く》り出したい火でもめそうです。お互いの性質を理解するのが大切。

から見た

水が「ああしたいなぁ、こうしたいなぁ」と思いついたプランを現実に向けて具体化してくれるのが地です。ですから、水は地と一緒に居るととても安らぎます。とはいえ、両者が組んでも大きな広がりはあまりありません。上に向かって飛んでいきたい火や、横に広がりたい風のグループが入った方が、大きな成果をあげることができるでしょう。

から見た

二人きりで過ごしたい水に対し、風は横に広がりたい性質があります。風はいろんな情報や人とのコミュニケーションを大切にしているので、デートのときに友だちを連れてきたり、水が風に相談事をしようと思っても別の人も呼んできたり。風はよかれと思っているのですが、水から見た風は少し冷たい印象です。両者の相性は、あまりよいとはいえません。

人間関係に役立つ！

各星座の攻略法《こうりゃくほう》

各星座にどのように接すれば、よい関係が築《きず》けそうなのかを教えちゃいます。あの人とうまくやりたい！と思った方、必読《ひつどく》ですよ〜。

牡牛座《おうしざ》

五感の快楽のために動く。
モノにつられることも

牡牛座《おうしざ》は五感が鋭く視覚《しかく》、聴覚《ちょうかく》、触覚《しょっかく》、味覚《みかく》、嗅覚《きゅうかく》が満たされることに幸せを感じます。おいしいものをご馳走《ちそう》すると話が進みやすいかもしれません。喧嘩《けんか》したときの仲直りも、おいしいご飯がオススメ。

また、12 星座の中でも特に贈《おく》り物を喜びますので、お土産《みやげ》やプレゼント攻撃をするといいでしょう。ただ、クオリティーには厳しいところがあります。あまりおいしくないものや、安っぽすぎるものはNG。

慎重《しんちょう》でマイペースなので、焦《あせ》らせないことも大事。

恋人は、肌《はだ》の触れ合いがとても大事です。仕事は、繰《く》り返して技を身につけるタイプなので、実際に体感できる現場が合います。

牡羊座《おひつじざ》

ふとした直感や、
興奮《こうふん》した勢いで動く

「鉄《てつ》は熱いうちに打て」という言葉《ことば》がぴったりの星座。仕事も恋愛《れんあい》も、興奮しているときにはすごく動いてくれます。

スピードを求める牡羊座《おひつじざ》には、結論から伝えてあげるといいでしょう。その後にプロセスを説明すればいいのです。SNS などの返事も、ヘタなかけ引きなどせずに即レスすると喜ばれます。

言いたいことを言うときは、言わせておけば、勝手にスッキリしてくれますし、ネチネチ引きずらないところがいいところ。ストレスがたまるとどこかへ行くことがありますが、放っておくと元気になって帰ってきます。また、新しいもの好きなので、新規の案件《あんけん》をお願いするといいかもしれません。

蟹座《かにざ》

仲間とつながっていたいという感情で動く

蟹座《かにざ》は、仲間意識が強く敵と味方の区別がはっきりしているので、まずは心を許してもらうことが先決。特に、蟹座《かにざ》の家族や仲間を大切にしてあげると喜びます。

それから蟹座《かにざ》は、男女とも母性の要素が強いので、かわいく甘えられると「なんとかしてあげたい！」と思ってしまうところがあります。感情で動くのも、蟹座《かにざ》の特徴。共感してあげて、味方であることを演出するのもいいでしょう。

お土産やプレゼントをする場合は、奇《き》をてらったものではなく、ご当地《とうち》キャラのものや、お決まりの名産品など、どこか大衆的で安心感のあるものに喜びを感じてくれます。生活雑貨品なども GOOD。

双子座

面白さ、新鮮《しんせん》さ、好奇心《こうきしん》が刺激《しげき》されると動く

情報に対して浮気性《うわきしょう》で、かつ刺激を求めるので、面白い情報を教えてあげると喜びますし、食いつきます。

あと、ベッタリとしたお付き合いを好みません。広く浅い付き合いのほうが新鮮さをキープできるため、楽しい関係を築くことができます。ただ、気まずくなると逃げます。

頭の回転は速いのですが、言ったことを忘れたり、誰から聞いたのかも忘れさえあります。前に言ったことと違っても、指摘しないで軽く受け流してあげましょう。ケアレスミスや勘違《かんちが》いは、双子座のためにある言葉と割り切るのが大事かも⁉

マンネリを嫌う傾向があるので、いつも新鮮な何かを用意しましょう。

乙女座

「助かったよ」「ありがとう！」で動く

「必要とされている」「役に立つ」「感謝される」。これが、乙女座の心を刺激する特効《とっこう》薬《やく》。影の努力や役立っていることで、自分自身の存在意義を感じるので、そのことに触れて感謝をしましょう。

また、いつも一生懸命《いっしょうけんめい》な分、ストレスを隠し持っているので、心や体を気遣ってあげるのもオススメ。細かい作業や目の付け所を、「さすがですね、素晴らしい！」などと、褒《ほ》めてあげるといいでしょう。「ありがとう」も忘れずに伝えてください。

いつも、周りをフォローする側の乙女座ですが、実はかまってもらいたい願望がある寂《さみ》しがり屋です。頑張っているときに差し入れをすると、内心かなり喜んでくれます。

獅子座《ししざ》

主役としてもてなすと動く

自分のことを「価値ある存在」だと周りが認めていることが、獅子座《ししざ》にとって一番の喜び。自身や、獅子座《ししざ》が作ったものなどを、とにかく少しオーバーなくらいに褒《ほ》めてあげましょう。

主役にしてあげるのも大事。誕生日などのイベントもきちんと祝ってあげましょう。

一度ウケた話などは、何度も言う場合がありますが、毎回驚《おどろ》いてあげましょうね。

獅子座《ししざ》がトークしたり歌をうたっているときは、"相槌《あいづち》"や"合《あ》いの手《て》"を多めに入れて、「聴いているよ！」「あなたに注目していますよ！」をアピールしてください。獅子座《ししざ》の心の満足度がグッとアップして、言うことを聞いてくれるかもしれませんから。

星座さんたちの一発エピソード その①

隼人
おひつじ
22才
丘1丁目2-3-4
03-1234-5678
最初《さいしょ》に文字《もじ》を大《おお》きく書《か》くので最後《さいご》が入《はい》らない

牡羊座《おひつじざ》

Aries

行動が素早い牡羊座《おひつじざ》は、履歴《りれき》書《しょ》も勢いで書く。でも計画性がない面があり、最後の方でスペースがなくなって、すっごくチマチマと書いてしまうことが。明るく元気なのが伝わるから、これはこれでアリ…!?

牡牛座《おうしざ》

Taurus

よ〜く考えてから行動する牡《お》牛座《うしざ》。特にグルメやインテリアなど大好きなことになると、決断を下すまでの時間はいっそう長くなる。半日を要《よう》するのも、そう珍しいことではない。

ピロリン
明日《あす》何食《なにく》う？
ん〜
ん〜
とっぷり
考《かんが》えすぎるから返事《へんじ》が遅《おそ》い

第2章

12星座は、個性が面白いほどバラバラ！

コーヒーに求める条件
（牡羊座《おひつじざ》／牡牛座《おうしざ》／山羊座《やぎざ》）

うおー さみー!!
この時期《じき》の外回《そとまわ》りはこたえるっスねー!!
はー…
会社《かいしゃ》天国《てんごく》…
熱《あつ》いコーヒーでも飲《の》みたいな
あッ!!
自販機《じはんき》発見《はっけん》!!
チャリーン
チャリーン
3つ買《か》いますね!!
わーーー!!
まちがって冷《つめ》たいの買《か》っちゃいました…
つ、つめた…
君《きみ》はどうしていつもそう注《ちゅう》意《い》力《りょく》散漫《さんまん》なんだ
この前《まえ》もオレンジジュースとまちがえておしるこ買《か》ってただろ

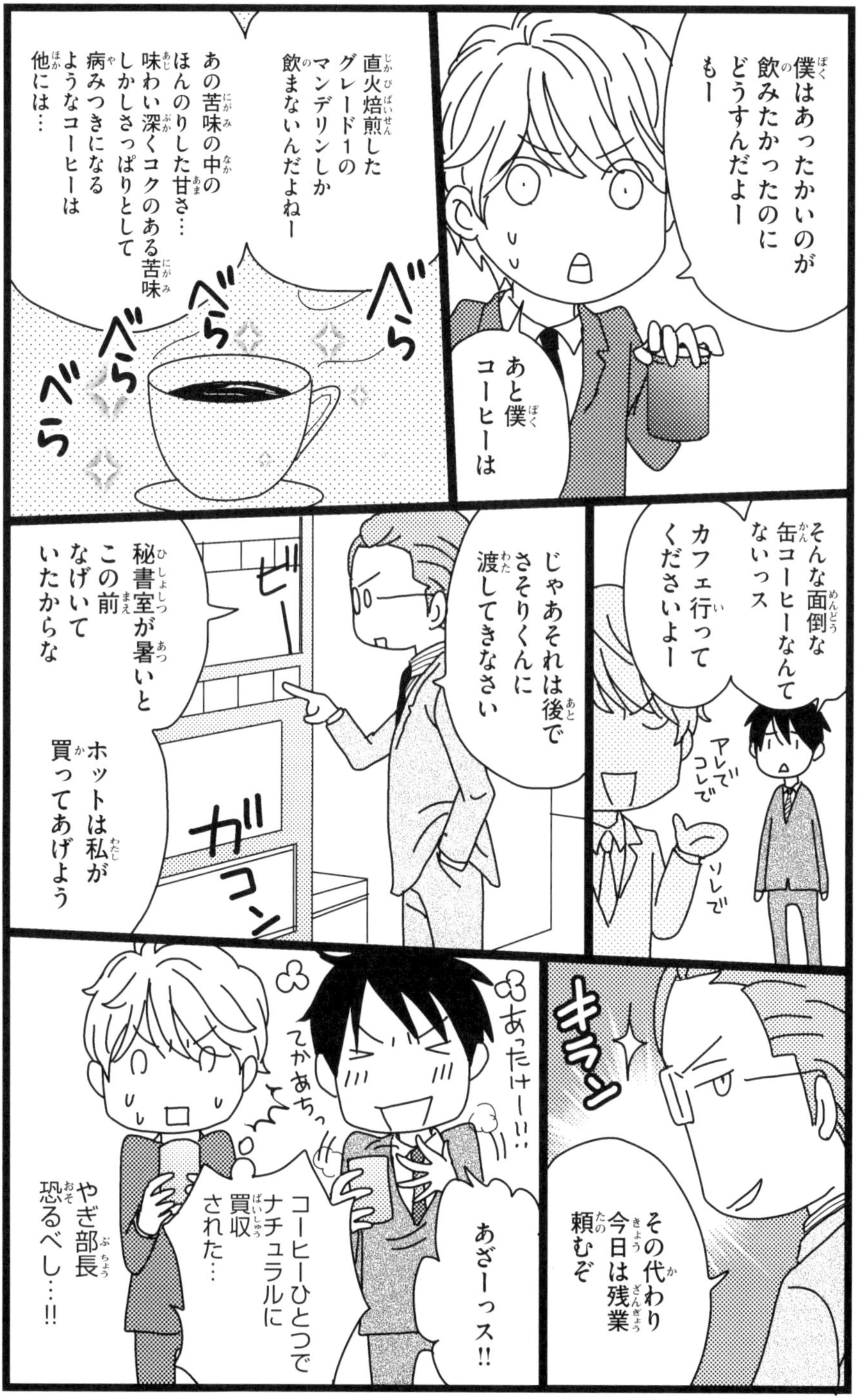

山羊座《やぎざ》は、みんなをまとめたり、指示したりして、リーダーシップをとることができる。

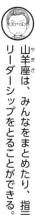

キレイな売り場は好きですか？

（双子座／天秤座《てんびんざ》）

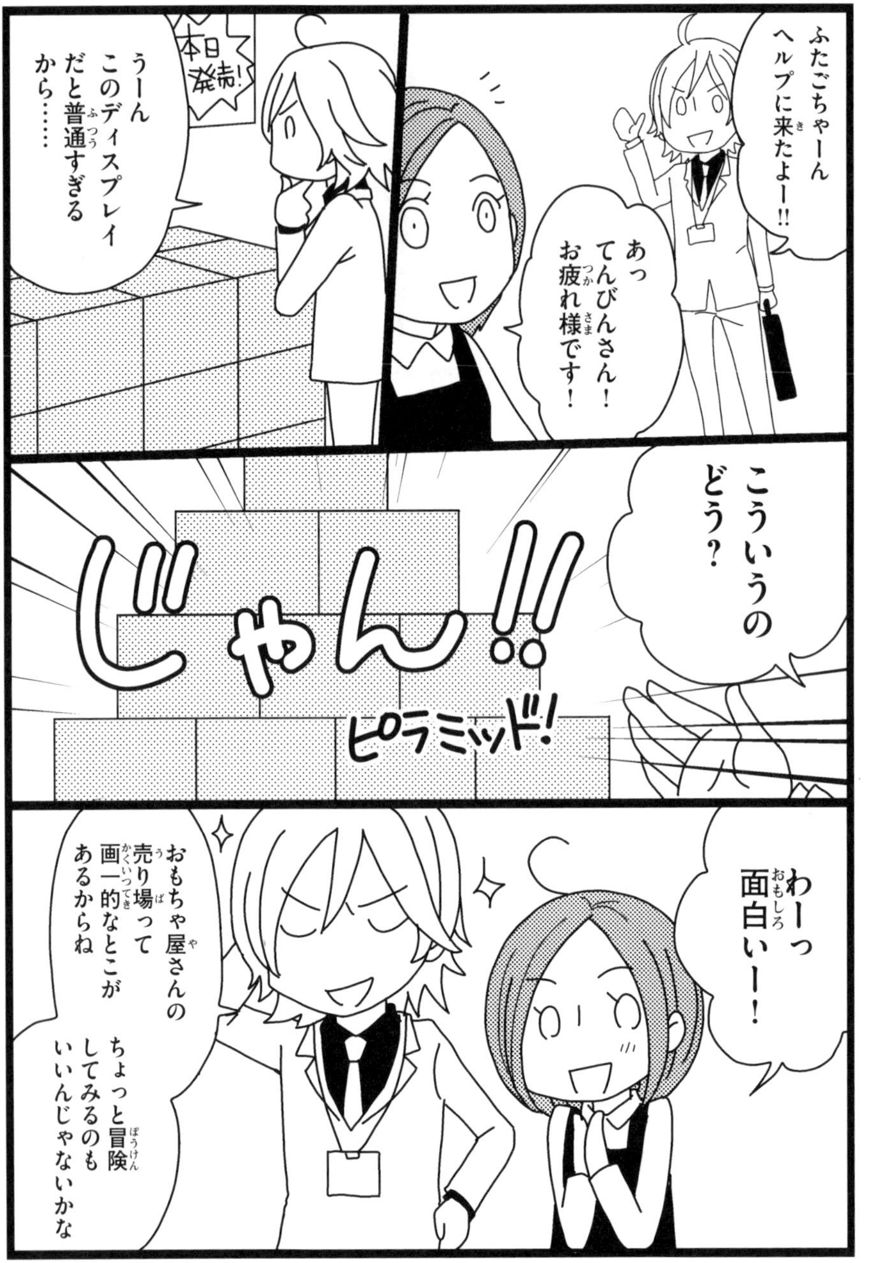

ふたごちゃーん ヘルプに来《き》たよー!!
あっ てんびんさん！ お疲《つか》れ様《さま》です！
本日発売!
うーん このディスプレイ だと普通《ふつう》すぎる から……
こういうの どう？
じゃん!!
ピラミッド!
わーっ 面白《おもしろ》いー！
おもちゃ屋《や》さんの 売《う》り場《ば》って 画一的《かくいつてき》なとこが あるからね
ちょっと冒険《ぼうけん》 してみるのも いいんじゃないかな

天秤座《てんびんざ》は、誰かと比べられて上と評価されることが大好きで、がぜんテンションとヤル気が高くなる。

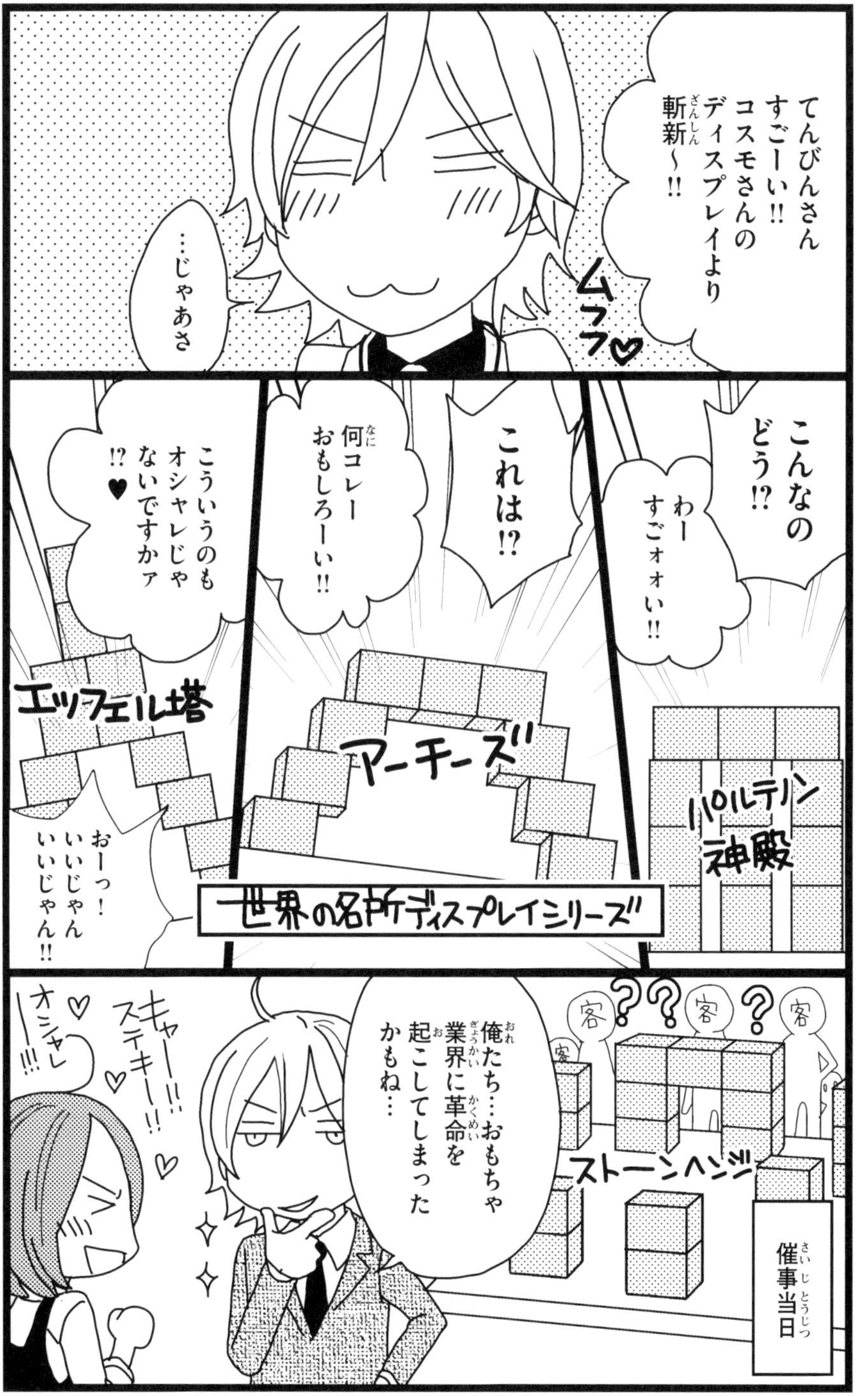
てんびんさんすごーい!! コスモさんのディスプレイより斬新《ざんしん》〜!!
ムフフ♡
…じゃあさ
こんなのどう!?
わー すごォオい!!
パルテノン神殿
これは!?
何《なに》コレー おもしろーい!!
アーチーズ
こういうのもオシャレじゃないですかァ!?♥
エッフェル塔
おーっ! いいじゃん いいじゃん!!
世界の名所ディスプレイシリーズ
催事当日《さいじとうじつ》
客
?
?
客
?
客
客
ストーンヘンジ
俺《おれ》たち…おもちゃ業界《ぎょうかい》に革命《かくめい》を起《お》こしてしまったかもね…
キャー!! ステキー!!
オシャレー!!!

デキる男はスーツにこだわる

(獅子座《ししざ》/乙女座)

バーン!
俺様《おれさま》にピッタリのスーツを買《か》ったぜ!
フフフ
これで明日《あす》はみんなの目《め》が俺《おれ》に釘付《くぎづ》けに絶対《ぜったい》なる!!
ジロ
ジロ
見《み》てる見《み》てる♥
ジロ
ジロ
おはよーっス
はよーっス…
ざいまーす…
見《み》てる見《み》てる…
ジロ
ジロ
ジロ
見《み》てる見《み》てる
ハハン
みんなの視線《しせん》が痛《いた》いくらいだぜ!
じーー
……
あッ!!
何《なに》しやがるおとめ!! 俺《おれ》の新品《しんぴん》ジャケットを!
サッ

他人が気付かない細かい部分も見逃さないのが、乙女座の得意技。
ただ、乙女座はお礼を言われるのを心の底で求めるので、「ありがとう」の一言は忘れずに。

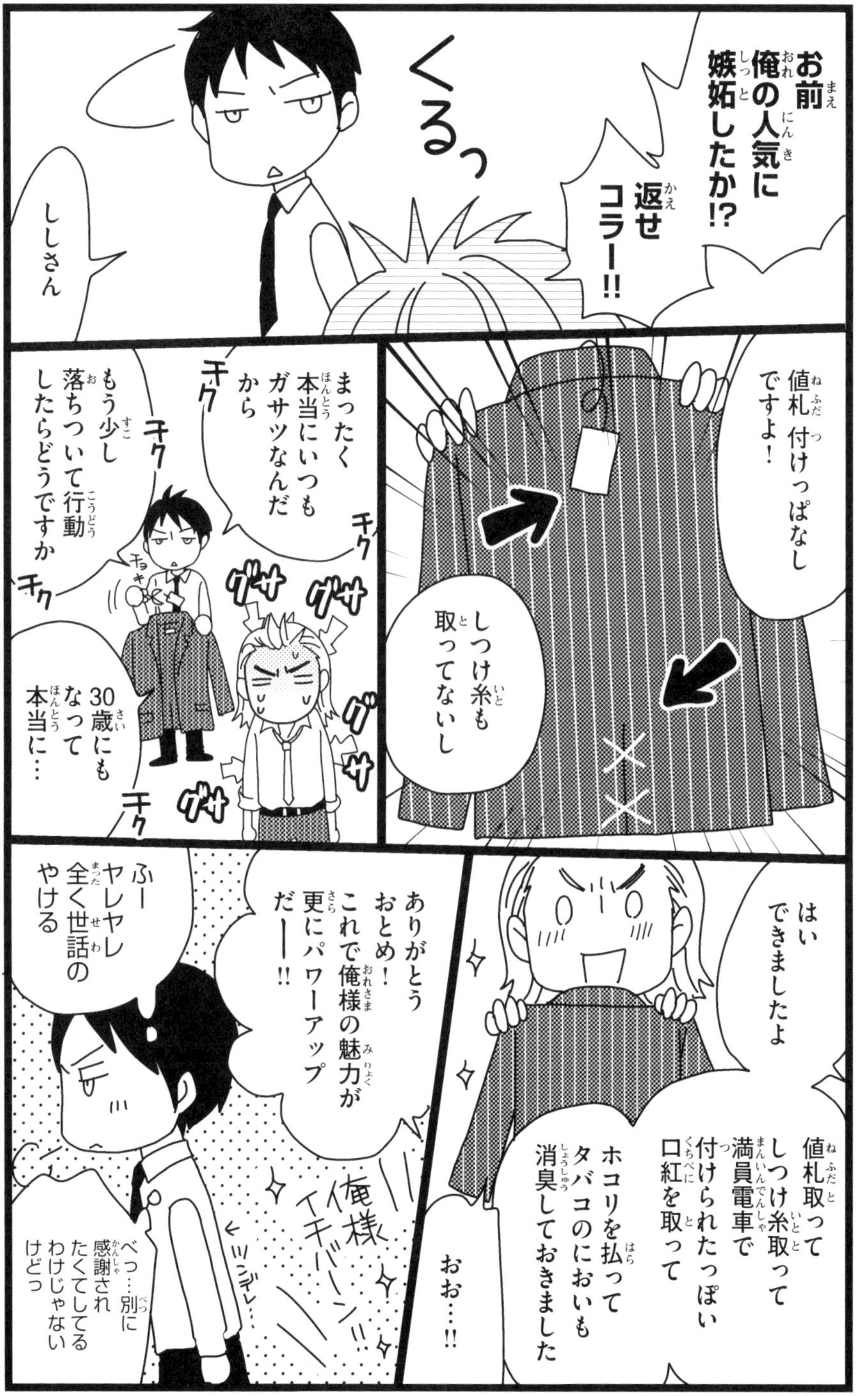

お前《まえ》俺《おれ》の人気《にんき》に嫉妬《しっと》したか!?
返《かえ》せコラー!!
くるっ
ししさん
値札《ねふだ》付《つ》けっぱなしですよ!
しつけ糸《いと》も取《と》ってないし
まったく本当《ほんとう》にいつもガサツなんだから
チク
もう少《すこ》し落《お》ちついて行動《こうどう》したらどうですか
チク
チョキ
グサ
グサ
30歳《さい》にもなって本当《ほんとう》に…
グサ
グサ
はいできましたよ
値札《ねふだ》取《と》ってしつけ糸《いと》取《と》って満員電車《まんいんでんしゃ》で付《つ》けられたっぽい口紅《くちべに》を取《と》って
ホコリを払《はら》ってタバコのにおいも消臭《しょうしゅう》しておきました
おお…!!
ありがとうおとめ!これで俺様《おれさま》の魅力《みりょく》が更《さら》にパワーアップだーー!!
俺様イチバーン!!
←ツンデレ…
ふーヤレヤレ全《まった》く世話《せわ》のやける
べっ…別《べつ》に感謝《かんしゃ》されたくてしてるわけじゃないけどっ

だって人間だもの。ヌケはあるさ

（獅子座《ししざ》／乙女座）

くっそー
おとめのヤロー
今日《きょう》も細《こま》かい
こと言《い》いやがって
俺《おれ》は先輩《せんぱい》だぞ
偉《えら》いんだぞ
ちくしょー
表が見にくいです
書き直して
ください
チク
チク
きちっ
きちっ
うわ おとめ
本《ほん》にブックカバー!?
書類《しょるい》の端《はし》
そろえすぎ!!
こまかすぎる!!
…腹《はら》へった
そうだ
おとめなら
アメか何《なに》か
持《も》ってるだろ
ぐっちゃ〜
生温い目
うんうん
人間
欠点の
1つや2つ
……
何《なん》か今日《きょう》のししさん
キモチワルイ…

星座さんたちの一発エピソード その②

テレビのチャンネルをすぐ変《か》える
休憩中
ピッ
ピッ
ピッ
パッ
パッ
パッ
ちょっと!! 観《み》てるんだけど!!

双子座

Gemini

好《こう》奇《き》心《しん》旺《おう》盛《せい》な双子座は情報収集に熱心なので、テレビや雑誌はマメにチェック。とはいっても飽《あ》きっぽいところがあるので、テレビのチャンネルは他の人が観ていてもおかまいなしにどんどん変える。

蟹《かに》座《ざ》

Cancer

一度仲間だと思った人には、心を非常にオープンにする蟹《かに》座《ざ》。あだ名をつけて、親密性をさらに高めようとすることが。ただ、自分の趣味をモロに出してくるので、呼ばれたくないあだ名にされることも…。

恥《は》ずかしいあだ名《な》で呼《よ》び合《あ》うのが好《す》き
私《わたし》のことは「かににゃんぴっぴ」って呼《よ》んでね♥
あなたのことは「エビチリーヌ」って呼《よ》ぶから♪
イヤアアアア!!

凝《こ》り性《しょう》 vs 浮気性《うわきしょう》

（双子座／蟹座《かにざ》／射手座《いてざ》）

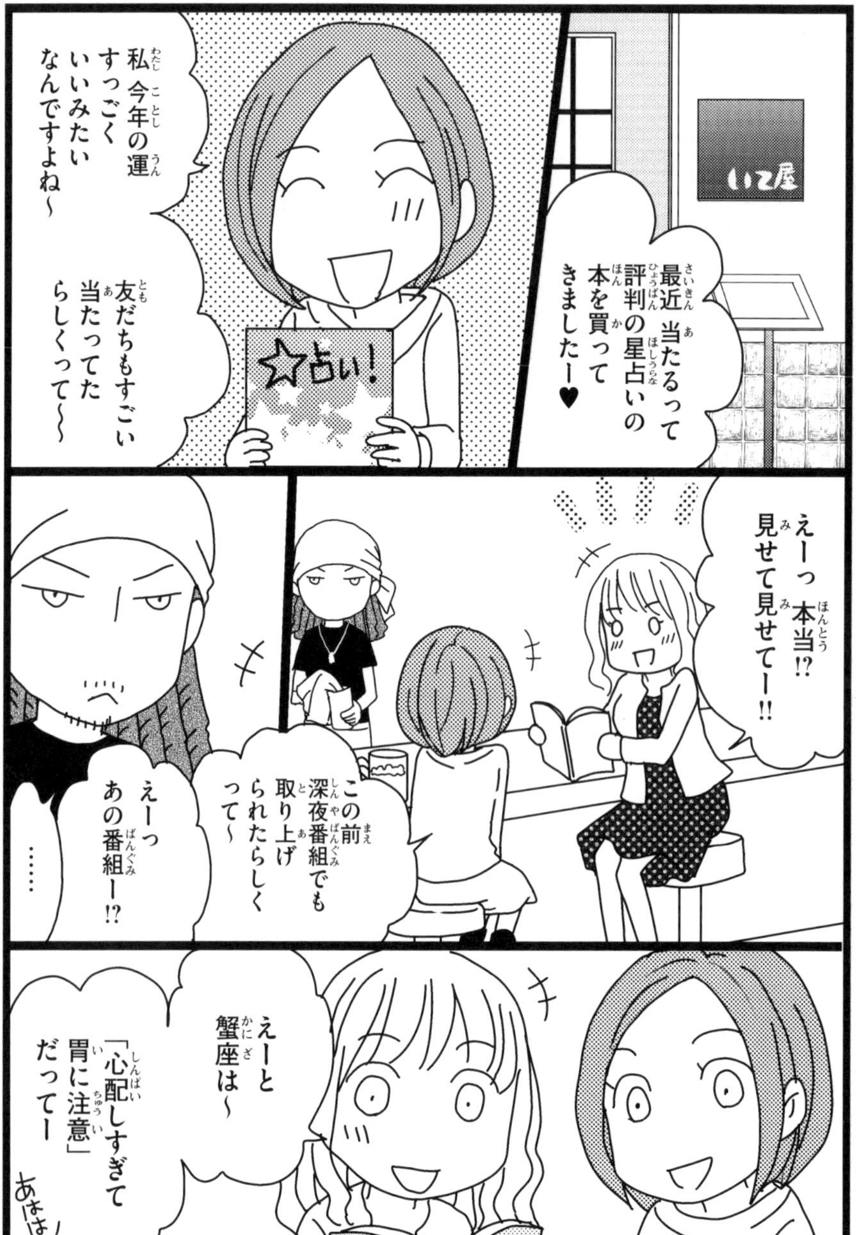
最近《さいきん》 当《あ》たるって 評判《ひょうばん》の星占《ほしうらな》いの 本《ほん》を買《か》って きましたー♥
☆占い!
私《わたし》 今年《ことし》の運《うん》 すっごく いいみたい なんですよね〜
友《とも》だちもすごい 当《あ》たってた らしくって〜〜
えーっ 本当《ほんとう》!? 見《み》せて見《み》せてー!!
この前《まえ》 深夜番組《しんやばんぐみ》でも 取《と》り上《あ》げ られたらしく って〜
えーっ あの番組《ばんぐみ》ー!?
……
えーと 蟹座《かにざ》は〜
「心配《しんぱい》しすぎて 胃《い》に注意《ちゅうい》」 だってー
あはは!

この占《うらな》い師《し》さん直接占《ちょくせつうらな》ってもらうには3カ月待《げつま》ちらしいですよ～
うそーっ そんな人気《にんき》なの⁉ 私《わたし》も予約《よやく》したい～～!!
……
実《じつ》は星占《ほしうらな》いって歴史《れきし》が古《ふる》くてね…
発祥《はっしょう》っていわれてるチグリス・ユーフラテス地方《ちほう》には…
フッ
ピクッ
へー！ かにさんよくご存《ぞん》じですねー！
実《じつ》はこの本《ほん》の後《うし》ろに書《か》いてあって
……
えーっ ズルいーっ
――1カ月後《げつご》
あれっ？

不思議な場所、未知の領域など、「信じるか信じないかは、あなた次第」の世界…。そんな世界にこそ、射手座《いてざ》はとても強い関心を持っている。

10日ほど
お休みします。
いて屋.
またお休《やす》み
だ——
マスターよく
お休《やす》みしますよね
定休日《ていきゅうび》以外《いがい》にも
あの人《ひと》
旅人《たびびと》だからね…
今度《こんど》はどこを
放浪《ほうろう》してるん
だろう?
ザッ
悠久《ゆうきゅう》の歴史《れきし》…
世界最古《せかいさいこ》の文明《ぶんめい》
メソポタミア文明《ぶんめい》…
アッシリア
バビロニア
シュメール…
多《おお》くの王朝《おうちょう》の興亡《こうぼう》に
心《こころ》が震《ふる》えるぜ
ザァァ アァ…
帰《かえ》ったら二人《ふたり》に
この旅《たび》で得《え》た
星占《ほしうらな》いについての
知識《ちしき》を教《おし》えてやろう
今《いま》私《わたし》タロット
占《うらな》いに
ハマってて~
芸能人《げいのうじん》の○○も
ハマってる
らしいです
よーっ
えー
そうなの
ー!?
気になるーっ
……
二人《ふたり》に見《み》せようと
買《か》ってきた
星占《ほしうらな》いグッズ

星座さんたちの一発エピソード その③

やったー!! 宝《たから》くじで3000円《えん》当《あ》たったぞー!
今週《こんしゅう》の俺様《おれさま》はツイている! キング・イズ・オレ オレ・イズ・ナンバーワン
この世界《せかい》は俺《おれ》のものにー
ヴっ!
ズキッ
興奮《こうふん》しすぎて心臓《しんぞう》に負担《ふたん》

獅《し》子《し》座《ざ》

Leo

自分にスポットライトが当たっていると嬉しい獅子座《ししざ》は、宝くじの3000円当選など些細《ささい》なことでも、全身で喜びを表現する。ただ元々ハートが弱いので、興奮《こうふん》のあまり身体に大ダメージを受けることも…。

乙女座

Virgo

几帳面《きちょうめん》で整理整頓《せいりせいとん》を重んじる乙女座は、ペンケースの中身もピッシリと収納されていないと許さない。そのため、そんな「乙女座ルール」を侵《おか》されると嫌がり、いつまでも根に持ってしまう面もある。

おとめくんペンありがとう
あっ はい
貸したペンが1本だけ逆向き
…………
どうでもいいことに神経質《しんけいしつ》

これが俺流《おれりゅう》の健康管理術だ!
(獅子座《ししざ》/射手座《いてざ》/山羊座《やぎざ》)

12星座《せいざ》の面々《めんめん》は健康管理《けんこうかんり》の仕方《しかた》も人《ひと》それぞれ
それでは彼《かれ》らの生活《せいかつ》を少《すこ》しのぞいてみましょう
いてさん 体《からだ》を動《うご》かすのが好《す》き
ふんっ
ふんっ
70kg…
うおおおおお……
よし!90kg!
…
俺《おれ》は100kg!!!
うおおおおおお
仮想《かそう》ライバルを作《つく》ってモチベーションを保《たも》つ
『自己管理《じこかんり》ができてない者《もの》は部下《ぶか》の管理《かんり》もできない』が自論《じろん》のやぎさん
本日《ほんじつ》はありがとうございました
ふむ…
接待続《せったいつづ》きで近頃《ちかごろ》ヤバイな…

もし獅子座《ししざ》に何かを長続きさせるようにしたいのであれば、
獅子座《ししざ》のテンションを上げることを優先させるのが近道となる。

コールドプレスジュース
ゴッゴッ
ゴッ
やぎ部長《ぶちょう》 今日《きょう》のお昼《ひる》って あのジュース だけなん だって！
すごい！ 鉄《てつ》の意志《いし》！
タッ
タッ
タッ
ジャーン！
キラ
タッ
キラ
キラ
タッ
タッ
キラ
キラ
ふふ… 見《み》られてる 見《み》られてる
あの人《ひと》 有名《ゆうめい》よ 毎週日曜《まいしゅうにちよう》の 夕方《ゆうがた》に見《み》かけるの
ダッ
タッ
タッ
決《き》まった日時《にちじ》や場所《ばしょ》に 登場《とうじょう》して目立《めだ》つのが好《す》きな ししさんが選《えら》ぶのはやはり ジョギングのようです

SNSは性格がモロに出ます

（双子座／蟹座《かにざ》／獅子座《ししざ》／乙女座／射手座《いてざ》／水瓶座《みずがめざ》／魚座）

おもちゃ業界《ぎょうかい》に籍《せき》を置《お》く人《ひと》の交流《こうりゅう》の場《ば》になればいいとSNSに
「おもちゃ業界《ぎょうかい》限定《げんてい》・自転車部《じてんしゃぶ》」のコミュを作《つく》ったみずがめさん
自転車好《じてんしゃず》き集《あつ》まれ～♪
それではコミュの面々《めんめん》のSNS上《じょう》のあるあるを見《み》ていきましょう
ふたごさんはいろんな人《ひと》に「イイネ」を付《つ》けがち
あの洞窟《どうくつ》に入《はい》ったときにさー
え？洞窟《どうくつ》って何《なん》の話《はなし》？
昨日《きのう》イイネしてくれてたよね
イイネを付《つ》けた内容《ないよう》でもよく読《よ》んでなかったりします
業界《ぎょうかい》に常連《じょうれん》が多《おお》いということで特例《とくれい》メンバーになったいてさんは
いつも違《ちが》う場所《ばしょ》にいる写真《しゃしん》をアップしています
ししさんは自撮《じど》り多《おお》め

かにさんは
手料理《てりょうり》写真《しゃしん》が
多《おお》いです
おとめさんは
人《ひと》を気遣《きづか》うあまり
みんなの顔映《かおうつ》りのいい
写真《しゃしん》をあげるので
自分《じぶん》が
写《うつ》って
なかったり
見切《みき》れて
たり
白目《しろめ》
だったり…
夕《ゆう》ぐれ
南《みなみ》の島《しま》…
キレイな道端《みちばた》の花《はな》
このロマンチックな
写真《しゃしん》を上《あ》げたのは
どんな女《おんな》の子《こ》?
いえいえ
ふふ…
今日《きょう》のかわいい
猫《ねこ》ちゃん♥
うおさん
でしたー

自己犠牲《じこぎせい》の精神がある乙女座は、
ついつい自分のことを後回しにしてしまうフシがある。

社長が教える！㊙スランプ克服法《こくふくほう》

（牡牛座《おうしざ》／魚座）

あっ 社長《しゃちょう》！
おお おうしくん
ちょっと元気《げんき》が ないようだね
新商品《しんしょうひん》の 社内《しゃない》プレゼン 煮《に》つまってる のかい？
そうなん ですよ…
どのアイデアも すでに他社《たしゃ》から 出《で》ている商品《しょうひん》の 二番煎《にばんせん》じのようで 気《き》になって しまって…
社長《しゃちょう》はアイデアが 煮《に》つまったときは どうなさって るんですか？
そうだな～ 煮《に》つまったときは…
とことんズンときて トンと上《あ》がったとき
フワッとなった ところを すかさず ギュンッだな！

魚座のイメージ力は果てしない。でも、感覚的な発言が多いため、通訳してくれる人がいないと、言いたいことが周囲になかなか伝わらないことがある。

そのことはこれ以上触《ふ》れないでっ

（牡羊座《おひつじざ》／獅子座《ししざ》／乙女座）

シャンプーを変《か》えてみました
カマーンキューティクル!!
サラサラ、
ファアァァ。
ツヤツヤ…
なんじゃコリャー!!
サラサラすぎていつものワイルドヘアーにならねぇ!!
…仕方《しかた》ねぇ!
ふふ…悪《わる》くねぇじゃん!
みんななんて言《い》うかなー?

牡羊座《おひつじざ》は、思ったことをそのまま口に出してしまうことが多い。
ただ、あくまで、悪気はない。

ししさん シャンプー○○に変《か》えました!?
いい香《かお》りですね 今人気《いまにんき》あるみたいですね
打《う》ち合《あ》わせに行《い》ってきます
…まあな
さすが オ・レ☆
ランチ
綾小路《あやのこうじ》きみまろっスかー!?
きみまろー!!
あっれー!? どうしたんですか ししさん！
あれ？ 朝《あさ》と髪型《かみがた》違《ちが》くないですか？
ああ… そうだったかな…
ハハハ…
実《じつ》は落《お》ち込《こ》みやすいししさん

女の約束ほど怖いものはない

（双子座／蠍座《さそりざ》）

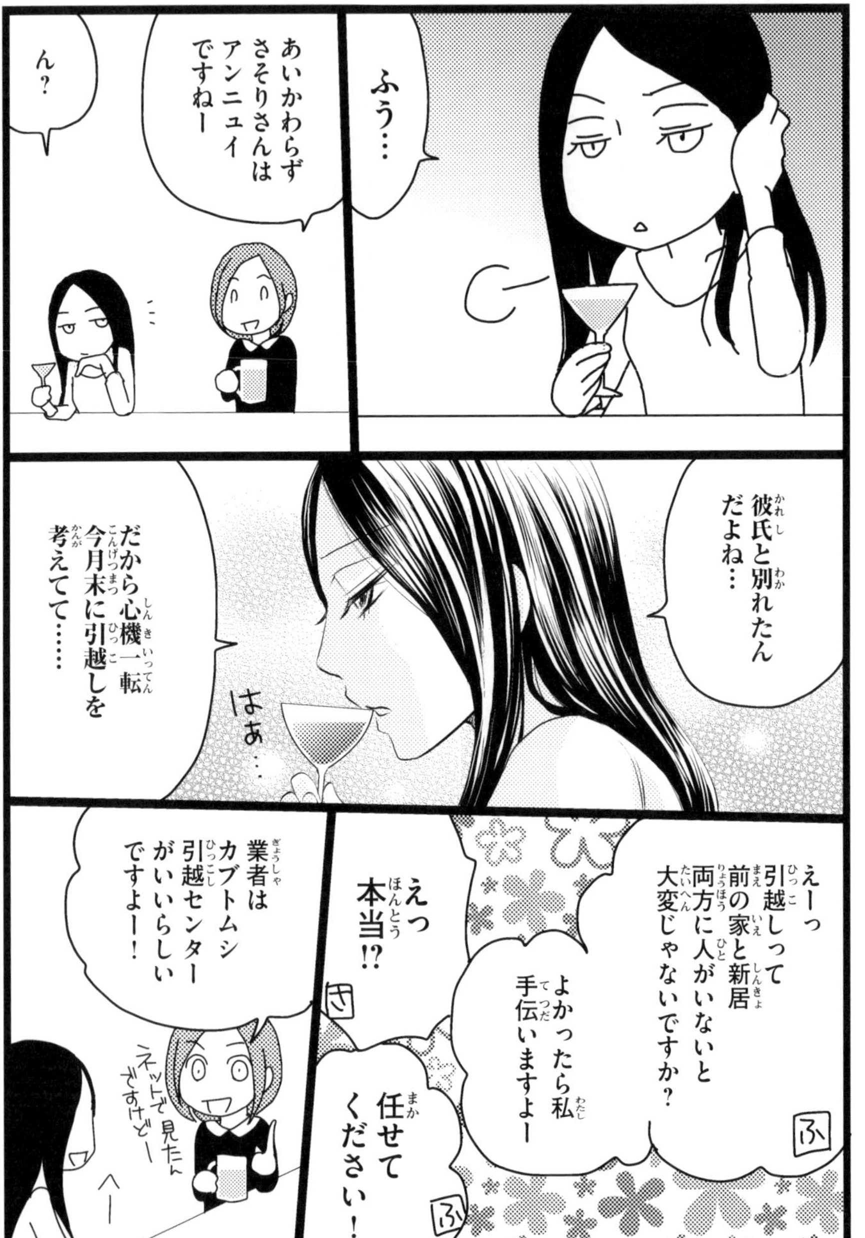
ふう…
あいかわらずさそりさんはアンニュイですねー
ん？
彼氏《かれし》と別《わか》れたんだよね…
はぁ…
だから心機一転《しんきいってん》今月末《こんげつまつ》に引越《ひっこ》しを考《かんが》えてて……
えーっ引越《ひっこ》しって前《まえ》の家《いえ》と新居《しんきょ》両方《りょうほう》に人《ひと》がいないと大変《たいへん》じゃないですか？
よかったら私《わたし》手伝《てつだ》いますよー
ふ
き
えっ本当《ほんとう》!?
任《まか》せてください！
ふ
業者《ぎょうしゃ》はカブトムシ引越《ひっこし》センターがいいらしいですよー！
ネットで見たんですけどー
へー

双子座はそのときのノリで話をするので、基本的に軽い。
一方で蠍《さそり》座《ざ》はひとつひとつを追及していくので、双子座とは温度差がかなり出てしまうことがある。

後日《ごじつ》
あっ!
ねぇねぇ ふたごさん この前《まえ》の件《けん》 本当《ほんとう》に頼《たよ》りにしていいんだよねっ!?
えっ?
この前《まえ》引越《ひっこ》し手伝《てつだ》ってくれるって……
あははのはー
そんなこと言《い》いましたっけ〜?
ガチン
ウラギラレタ… ウラギラレタ…
ウラギラレタ…
何が〜?
あ… あの… 大丈夫…?
あまり相性《あいしょう》のよくない二人《ふたり》なのでした

モノへの執着《しゅうちゃく》は温度差がある

（牡羊座《おひつじざ》／牡牛座《おうしざ》／水瓶座《みずがめざ》）

うおおお
特典充実《とくてんじゅうじつ》!!
やっぱ画質イイ!!
ズラ～ッ
同じタイトルのDVDも持ってる
映画《えいが》が好《す》きで
DVDで持《も》ってる作品《さくひん》でも
ブルーレイが出《で》たら
買《か》ってしまうおうしさん
うーん…
さすがに物《もの》が多《おお》すぎるな…
……そうだ
みずがめさん
いつもお世話《せわ》に
なってますし
以前《いぜん》この監督《かんとく》の話《はなし》
してましたよね
よかったら
コレ
えっ
本当《ほんとう》!?
うれしいな!
数日後《すうじつご》
みずがめさーんっ!

珍《めずら》しくおひつじくんに〇〇って映画《えいが》のソフト持《も》ってるかって言《い》われちゃってー
そうなんですよー
もちろん持《も》ってるけど僕《ぼく》が持《も》ってるのはブルーレイでおひつじくんちでは観《み》られないらしくって
この前渡《まえわた》したDVDもう観《み》たって言《い》ってましたよね！
こいつに貸《か》してやってくださいよー
お願《ねが》いしまーす！
あれ…
あの…アレは…あの…
あわ
あわ
めずらしく焦
？？
TATSUY
あれっ？
これもしかして僕《ぼく》の…!?
DVD
おうし
モノに執着《しゅうちゃく》しないタイプのみずがめさん
家の中もスッキリ
観終《みお》わったDVDを売《う》ってしまっていたのでした…

水瓶座《みずがめざ》は、あまりモノに執着《しゅうちゃく》がない。お土産《みやげ》やプレゼントなどをもらっても、自分が本当にほしいものでなければ、さっさと売ったり捨てたりしてしまうことも。

登山で果たしたい夢
(牡牛座《おうしざ》／山羊座《やぎざ》／水瓶座《みずがめざ》／魚座)

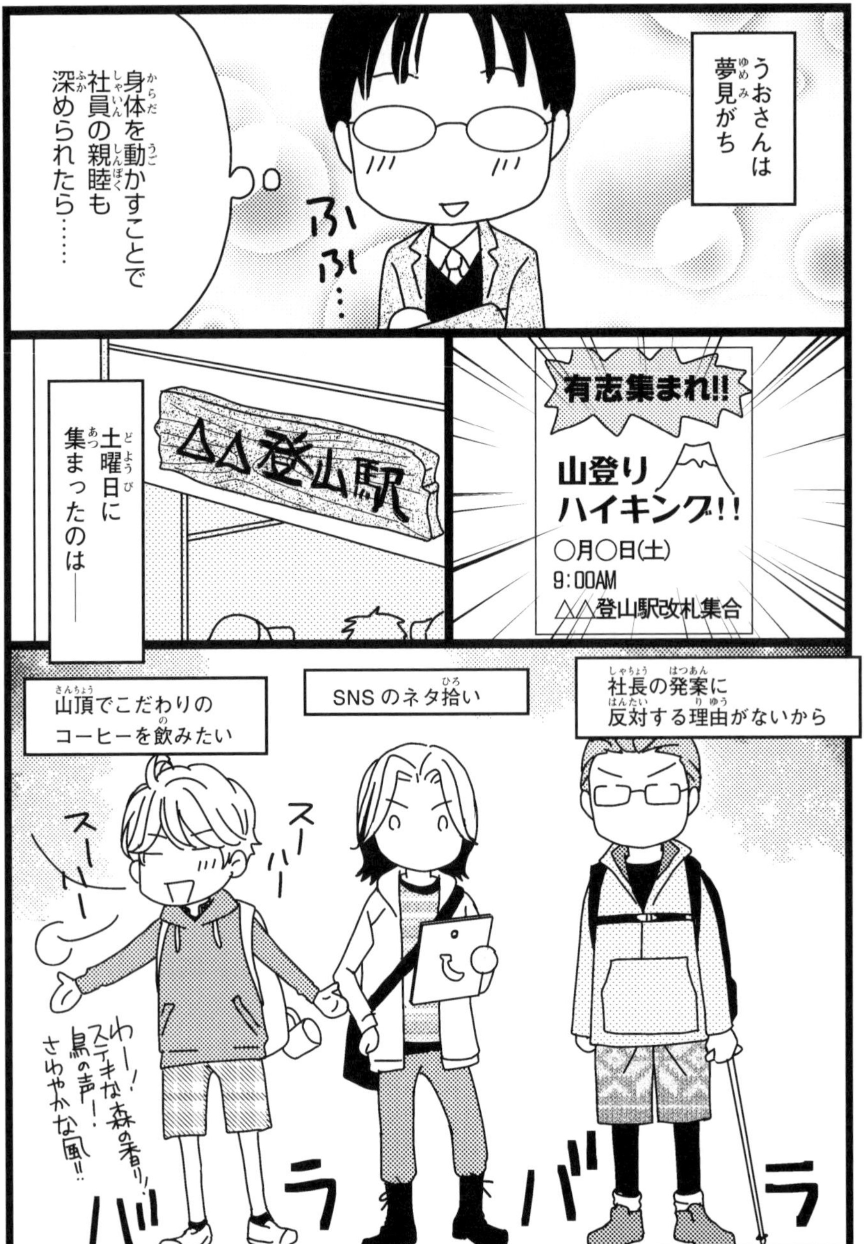
うおさんは夢見《ゆめみ》がち
身体《からだ》を動《うご》かすことで社員《しゃいん》の親睦《しんぼく》も深《ふか》められたら……
ふふ…
有志集まれ!!
山登りハイキング!!
○月○日(土)
9:00AM
△△登山駅改札集合
△△登山駅
土曜日《どようび》に集《あつ》まったのは――
社長《しゃちょう》の発案《はつあん》に反対《はんたい》する理由《りゆう》がないから
SNSのネタ拾《ひろ》い
山頂《さんちょう》でこだわりのコーヒーを飲《の》みたい
スーハー
スーハー
わー！ステキな森の香り!! 鳥の声！さわやかな風!!
バラバラ

山羊座《やぎざ》は、以前経験したことを踏まえて、人に教えたり注意したりしてくれる。それもあり、実は先生に山羊座《やぎざ》は多かったりする。

今日《きょう》は登山《とざん》を通《つう》じて皆《みな》さんの結束《けっそく》を強《つよ》められたら嬉《うれ》しく思《おも》います
わくわく
ズルッ
!
うわあああああ…‼
ガラガラ
がし‼
がんばれやぎ部長《ぶちょう》!俺《おれ》絶対《ぜったい》この手《て》離《はな》さないから‼
諦《あきら》めないでくださいやぎ部長《ぶちょう》‼
お前《まえ》ら…
…なんてカンドウ…‼
ぐすぐす
フフフ…やっぱり登山《とざん》はいいなぁ…
社長《しゃちょう》!低山《ていざん》だと思《おも》ってなめてかかると命《いのち》にかかわりますよ!
カシャ
カシャ
登山《とざん》なうｗｗｗ
いい香《かお》り～♥
結果《けっか》みんなバラバラ…

人間関係に役立つ！

各星座の攻《こう》略《りゃく》法《ほう》

何かと難しい人間関係。でも、相手のクセがあらかじめわかっていれば、心に余裕を持って臨《のぞ》めるはず。この攻略法を参考にしてみては？

蠍《さそり》座《ざ》

Scorpion

いったん信頼を築《きず》けば、献身的《けんしんてき》に動く

関わっている組織のため、あるいは愛する仕事や人のために身を尽《つ》くして動きます。関心のあることと無いことで、０か１００かの関わり方をしてきます。

人間関係も、一度信頼関係が築ければ、大きな味方になってくれます。ですので、仕事相手の場合も、一緒《いっしょ》に飲みに行くなどして心を開いてもらうことがオススメ。

ただ、深読みしたり、鋭い洞察力《どうさつりょく》があるせいか、ちょっとした勘違《かんちが》いや行き違いでストレスをため込んでしまう面も…。そういった誤解によって怒りをためやすいので、小出しに悩みを言わせて、親身になって聞くのも大事。でないと、我慢《がまん》に我慢を重ねて、最後に大爆発の可能性もあるので…。

天《てん》秤《びん》座《ざ》

Libra

外見を褒《ほ》められると動く。新たな出会いも大好き

素敵な人と比べながら、「あなたのココがスゴイ！」と褒《ほ》めてあげるのが効果的。特に、服やメイク、仕事の進め方などのセンスを褒める。あるいは、「かわいい」「かっこいい」などの言葉も、天秤座《てんびんざ》のテンションを上げるキラーワードになります。

あとですね、いつも同じメンバーといるよりも、新しい情報や人に関心を持ちます。日頃から情報収集や人脈を作っておけば、天《てん》秤座《びんざ》の心を一気に射止《いと》めることができそうです。

実は天秤座《てんびんざ》、何か頼みごとをする場合は、１対１のシチュエーションに弱いのです。ここぞというときは、二人きりになる状況を作ってしまいましょう。

Capricorn 山羊座《やぎざ》

何らかの意味や
メリットがあれば動く

損得《そんとく》重視で合理主義なので、無駄な行動を好みません。最初に、それをする意味やメリットを説明しましょう。

先生やリーダー的な立ち位置が得意なところがあるので、そういったポジションを用意してあげると、がぜん張り切ります。

まとめが得意なので、最終の相談や確認、締めのお言葉などをお願いすると、頼られている感があり頑張ってくれます。

山羊座《やぎざ》は、時間や身なりを尊重《そんちょう》し、自己管理ができなくてだらしない人を好まないので、TPO に合わせた行動や格好で接しましょう。敬語をきちんと使う、上下関係やその会社や仲間の暗黙《あんもく》のルールをしっかり守るなどの付き合い方がオススメです。

Sagittarius 射手座《いてざ》

少し背伸びすれば手が届きそうなものに
刺激《しげき》されて動く

目的を見つけると、手に入れるまで頑張《がんば》り続けます。ライバルがいると一層燃え、楽しみながら成長することができます。仕事も恋愛も、手に入りそうで入らないくらいの微妙な位置が、一番一生懸命《いっしょうけんめい》になります。

あと、知的好奇心《こうきしん》を満たすのが大好きなので、見たことや聞いたことがないものを用意したり、ゲーム的な要素を取り入れるのもいいでしょう。自由に動き回れる環境を好むので、束縛《そくばく》されることを嫌いますし、束縛されると逃げたくなります。

全体的なことを把握《はあく》して行動するのは得意ですが、大ざっぱなところがあるので、細かいフォローは別の人（乙女座など）に任せるといいでしょう。

Pisces 魚座

心の癒《いや》しがあると動く。
お願いごとに弱い面も

人に対して「NO」と言えない面があるせいか、頼まれごとに弱い性格。芸術・触れ合いなど、癒《いや》しやトキメクものでも動きます。

妄想《もうそう》話や夢物語を口にすることもありますが、話の腰《こし》を折らずに聞いてあげましょう。悩むことも多いのですが、心底では解決を望んでおらず考えを巡《めぐ》らせたいこともあるので、結論をせかさないのも大事です。

いろんな人に関わると、それだけ多くの人たちの考え方に流される傾向もあり、それを楽しんでしまう面もあります。

また、甘えん坊で愛嬌《あいきょう》のある魚座は、愛犬のようなところも。無償《むしょう》の愛が最大のご褒美《ほうび》なので、ギュッと抱擁《ほうよう》してあげたり、頭をナデナデしてあげたりもよさそうです。

Aquarius 水瓶座《みずかめざ》

不思議なこと、面白そうなこと、
友だちからの誘《さそ》いで動く

近づきすぎると距離を置き、距離がありすぎると近づいて来るという天然ツンデレのキャラ。

普通じゃないことにポリシーがあります。変わっている部分、マイノリティーな部分、オリジナリティあふれる部分、斬新《ざんしん》な部分などを尊敬すると、「認めてくれた！」「わかってもらえた！」と感じて、とっても喜びます。面白く変わった情報を発信したり集めたりするのが得意なので、それをストレートに「面白い！」と伝えてあげるとテンションが上がります。

ただ、上下関係が苦手なので、「年齢《ねんれい》が離れていても、友だちのような関係性にしたい」という願望があります。

星座さんたちの一発エピソード その④

ビシ!
よろしくお願いいたします!
ビシ!
失礼します!
お先にどうぞお嬢さん
ビシ!
あてて…
お辞儀《じぎ》をしすぎて万年腰痛《まんねんようつう》

天秤座《てんびんざ》

Libra

エレガントなおもてなしを心がける天秤座《てんびんざ》。お辞儀《じぎ》だけでも、自分が最も格好よく見えるポーズを研究していたりする。でもそれがたたって、慢性《まんせい》の腰痛《ようつう》に悩まされている…なんてことも。

蠍座《さそりざ》

Scorpion

強い集中力が長時間持続し、物事への掘り下げが深い蠍座《さそりざ》は、いったんスイッチが入るととことんのめり込む。ただそれは仕事に限ったことではなく、毎日の怒りを綴《つづ》ったと思わしき日記も例外ではない。

NOTE BOOK
さそりのヒミツノート♥
我々《われわれ》もコワくて開《ひら》けませんでした…

郵便はがき

52円切手を
お貼りください

105-0002

（受取人）
東京都港区愛宕1-1-11
（株）アスコム

マンガ おもしろいほどよく当たる！
12星座あるある

読者　係

本書をお買いあげ頂き、誠にありがとうございました。お手数ですが、今後の出版の参考のため各項目にご記入のうえ、弊社までご返送ください。

お名前	男・女	才
ご住所　〒		
Tel	E-mail	
この本の満足度は何％ですか？		％
今後、著者や新刊に関する情報、新企画へのアンケート、セミナーのご案内などを郵送またはeメールにて送付させていただいてもよろしいでしょうか？ □はい　□いいえ		

返送いただいた方の中から**抽選で5名**の方に
図書カード5000円分をプレゼントさせていただきます。

当選の発表はプレゼント商品の発送をもって代えさせていただきます。
※ご記入いただいた個人情報はプレゼントの発送以外に利用することはありません。
※本書へのご意見・ご感想に関しては、本書の広告などに文面を掲載させていただく場合がございます。

●本書へのご意見・ご感想をお聞かせください。

ご協力ありがとうございました。

第3章

恋する12星座たち

女の子はオシャレがしたいの！
（蟹座《かにざ》／天秤座《てんびんざ》／山羊座《やぎざ》）

いいなぁ こういう感《かん》じ…
私《わたし》いつも コンサバ系《けい》 だもんなぁ～
よし！
ちょっとだけ 冒険《ぼうけん》してみました
あれ？
今日《きょう》雰囲気《ふんいき》 違《ちが》いますね！ いい感《かん》じですよ！
※ 社内《しゃない》の人間《にんげん》を 広《ひろ》く観察《かんさつ》してる ので変化《へんか》を いち早《はや》く察知《さっち》
パァァ
アア

周囲をよく観察している天秤座《てんびんざ》。変化にすぐに気がついたり、気が利いたり、褒《ほ》め上手だったりする。

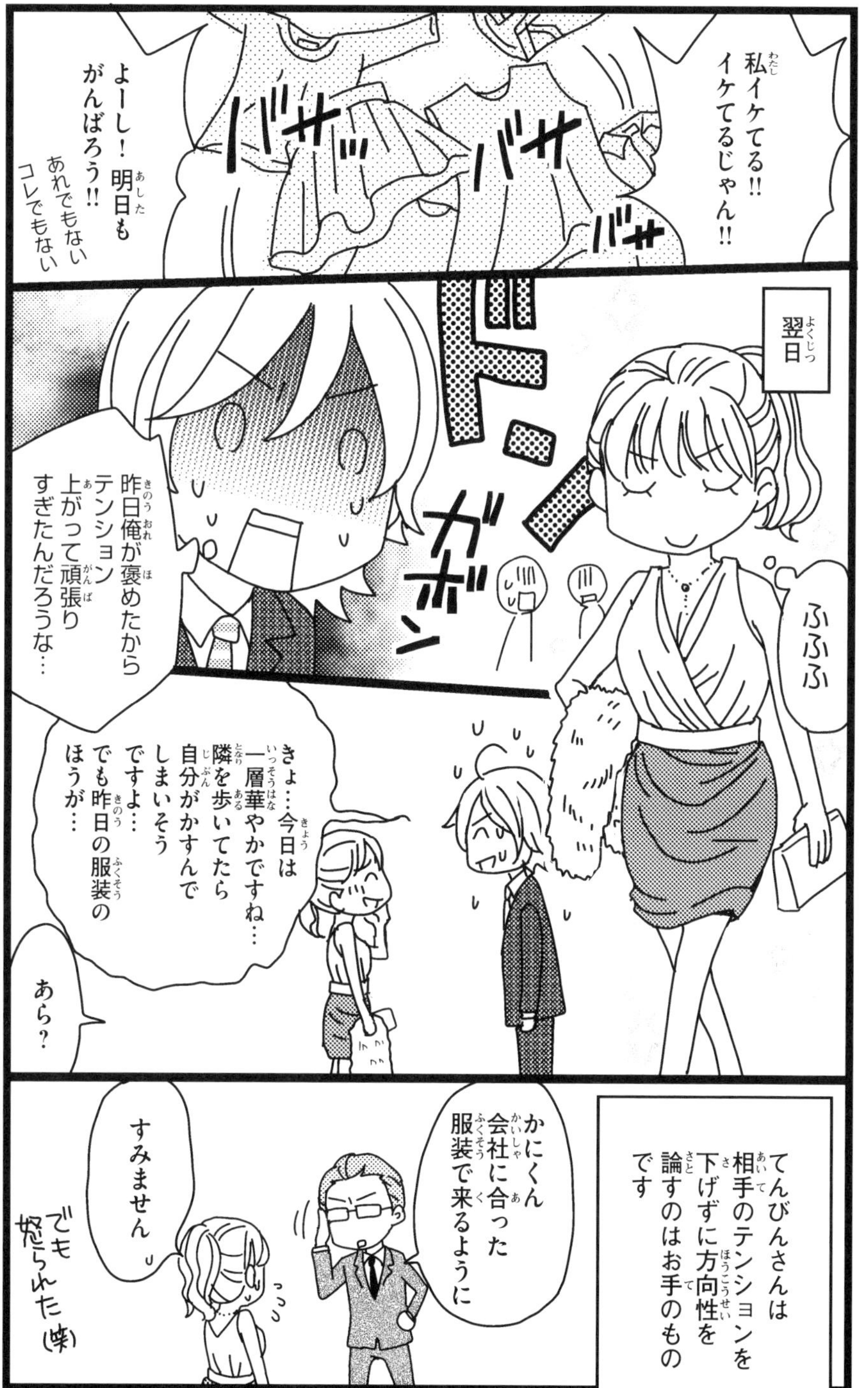

私《わたし》イケてる!! イケてるじゃん!!
バサ
バサ
バザッ
よーし! 明日《あした》も がんばろう!!
あれでもない コレでもない
翌日《よくじつ》
ふふふ
ド・ー
ガボン
昨日《きのう》俺《おれ》が褒《ほ》めたから テンション 上《あ》がって頑張《がんば》り すぎたんだろうな…
きょ…今日《きょう》は 一層華《いっそうはな》やかですね… 隣《となり》を歩《ある》いてたら 自分《じぶん》がかすんで しまいそう ですよ… でも昨日《きのう》の服装《ふくそう》の ほうが…
あら?
てんびんさんは 相手《あいて》のテンションを 下《さ》げずに方向性《ほうこうせい》を 論《さと》すのはお手《て》のもの です
かにくん 会社《かいしゃ》に合《あ》った 服装《ふくそう》で来《く》るように
すみません
でも 怒られた(笑)

追う者と追われる者
（蟹座《かにざ》／山羊座《やぎざ》）

最近《さいきん》かにくんが私《わたし》を見《み》つめる視線《しせん》が熱《あつ》い
じっ
株式会社★ギャラクシー
ん?
ピカ
ピカ
かにくんか…
こんなに細《ほそ》くて背《せ》の高《たか》い花瓶《かびん》…
机《つくえ》の上《うえ》に置《お》いといて倒《たお》れでもしたら…
まぁ私《わたし》はそんなミスはしないけどな
くん
キラ
ちょうどアロマを使《つか》った商品《しょうひん》を考《かんが》えてたとこだしな

蟹座《かにざ》は好きな人に尽くしがち。よかれと思ってやることが、少々押しつけがましかったり、おせっかいになってしまうことがある。

ピクン!
アロマ…!
あーあ 女心《おんなごころ》がわかってないなー
※美意識《びいしき》が高《たか》いてんびんさんは花瓶《かびん》を置《お》く女性《じょせい》の気持《きも》ちまで理解《りかい》でき・冷静《れいせい》
どどん!
THEアロマ
お
やれやれ…
これは本格的《ほんかくてき》にアロマの企画《きかく》を考《かんが》えないとな…
ふ…っ
笑《わら》ってくれた…!!
いよし!!
THEアロマ
好《す》きな人《ひと》に尽《つ》くしたいかにさん
自分《じぶん》に好意《こうい》を持《も》ってくれる人《ひと》には優《やさ》しいやぎさん
このかにさんの努力《どりょく》が思《おも》わぬ結果《けっか》を生《う》む…!?

早いのはいいんだけど、集中力が…

（双子座／乙女座）

業務《ぎょうむ》メール
「新商品《しんしょうひん》のサンプルとポップの設置《せっち》のことでご相談《そうだん》したいのですが」
パチ
パチ
送信《そうしん》
ピロン
1分後
受信しました
早《はや》ッ!!
ふたごさんのメールはとにかくレスが早《はや》い
まぁ仕事《しごと》が早《はや》いのはいいことだ
パチ
パチ
送信《そうしん》!
あはは!おとめさん面白《おもしろ》ーい!
パチパチ
送信《そうしん》!
あはは
受信《じゅしん》
送信《そうしん》
受信《じゅしん》
…あれ?
もしかして俺《おれ》私《わたし》たち気《き》が合《あ》うかも…
新商品設置《しんしょうひんせっち》の日《ひ》
今日《きょう》はよろしくお願《ねが》いします!

※ 細《こま》かい作業《さぎょう》が好《す》き
わーっ
ちま ちま ちま ちま
かわいいですね!
コレ何《なん》ですか!?
何《なに》でできているんですか!?
どうやって作《つく》ったんですか?
うろちょろ うろちょろ
うろうろ
……
そういえば駅前《えきまえ》にできたカフェ知《し》ってますか!?
パンケーキがすごくおいしいらしくって〜
……
キャ
ふわああ
俺《おれ》が一生懸命《いっしょうけんめい》作業《さぎょう》してるのにあくびなんて!
ネットサーフィンしてて寝不足
ヒマか!? つまらないのか!? あきたのか!?
イラァ
ん?
やっぱりふたごさんとは合《あ》わないみたい!
知《し》らない内《うち》にフラれたふたごさんでした

双子座は、噂話《うわさばなし》や最新情報に詳しい。
しかし、基本的に熱《ねっ》しやすく冷《さ》めやすいため、執着心《しゅうちゃくしん》はうすい。

真剣勝負の行方《ゆくえ》はいかに!?

（獅子座《ししざ》／射手座《いてざ》）

いてさんの店《みせ》でカクテルフェア開催中《かいさいちゅう》！
●サジタリウススペシャル●
メキシコ産プレミアム
テキーラ＋ハーブ＋
フルーツリキュール
1分以内に飲み干せたら
お好きな料理1品無料！
わー ダメだー 強《つよ》いーっ
こ…こんなの1分《ぷん》でとかムリ…！
ムリイイイ〜〜
ガタン
……よし
俺《おれ》の出番《でばん》でしょ…！
ドーン
ザラッ
飲《の》めるかな？

ぐ…
ゴッゴッゴッ
お…
おおー！
ぷはーー!!
おおお!!
スゴーイ
ドヤ！
淡々
チーーン
周《まわ》りに流《なが》されず
自分《じぶん》のことに没頭《ぼっとう》し
次《つぎ》の目標《もくひょう》に行《い》ってしまう
いてさん
じゃあ
これ
飲《の》めます？
お…
おう！
プライドが高《たか》く
褒《ほ》められるのが好《す》きな
ししさん
思《おも》わず拍子《ひょうし》抜《ぬ》け

射手座《いてざ》はひとつの目標をクリアすると、すぐに次の目標を探し出す。

嘘《うそ》つきは絶対に許しません
（牡牛座《おうしざ》／蠍座《さそりざ》）

……
金曜会える？
仕事忙しい？
既読
既読《きどく》スルーのまま3時間《じかん》…
最近《さいきん》 返信《へんしん》遅《おそ》いよね
彼氏《カレ》ったら…
ピン
相手《あいて》の浮気《うわき》を瞬時《しゅんじ》に見抜《みぬ》くさそりセンサー発動《はつどう》
金曜《きんよう》の夜《よる》
「今《いま》何《なに》してる？」
今何してる？
ピロリーン♪
この前言った通り
残業中だよ～
今週会えなく
ゴメンね
即！
ゴゴゴ
メーターマ――ックス!!

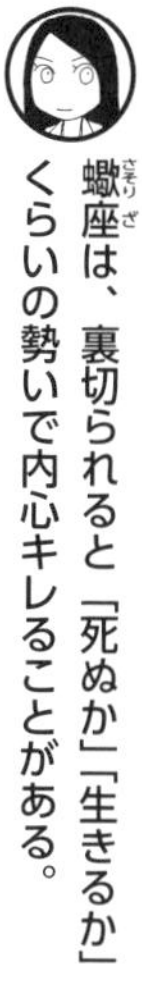

蠍座《さそりざ》は、裏切られると「死ぬか」「生きるか」くらいの勢いで内心キレることがある。

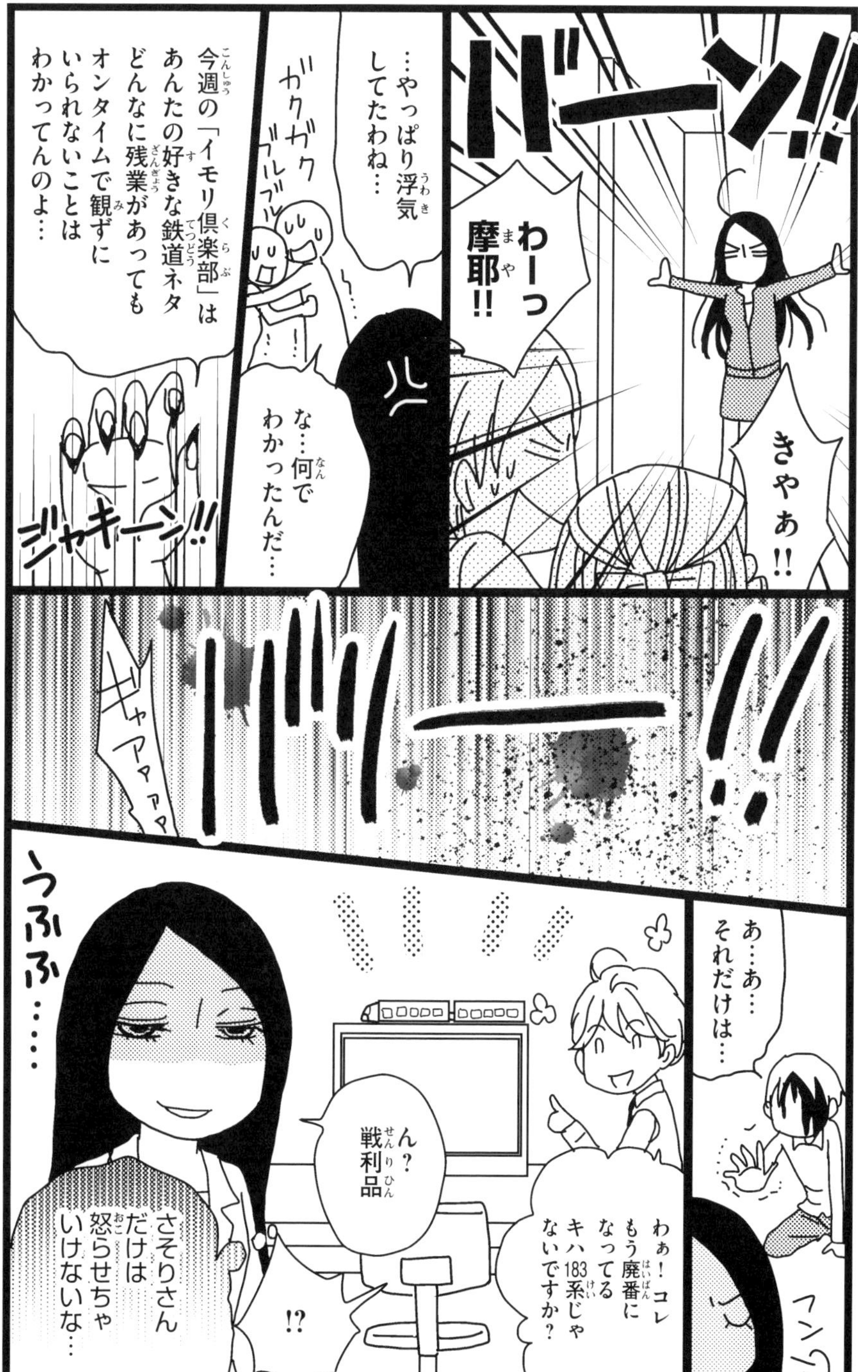

バーン!!
わーっ 摩耶《まや》!!
きゃぁ!!
…やっぱり浮気《うわき》 してたわね…
ガクガク ブルブル
な…何《なん》で わかったんだ…
今週《こんしゅう》の「イモリ倶楽部《くらぶ》」は あんたの好《す》きな鉄道《てつどう》ネタ どんなに残業《ざんぎょう》があっても オンタイムで観《み》ずに いられないことは わかってんのよ…
ジャキーン!!
バリー!!
ギャアァァァァ
あ…あ… それだけは…
フン
わぁ!コレ もう廃番《はいばん》に なってる キハ183系《けい》じゃ ないですか?
ん? 戦利品《せんりひん》
!?
うふふ……
さそりさん だけは 怒《おこ》らせちゃ いけないな…

今日もいいことあるさ

（乙女座／天秤座《てんびんざ》）

SEVENAPPLE
同《おな》じ駅《えき》に会社《かいしゃ》がある玩具《がんぐ》メーカー２社《しゃ》
出社前《しゅっしゃまえ》に両社《りょうしゃ》の社員《しゃいん》がよく立《た》ち寄《よ》るコンビニは
「セブンアップル」です
ふぁー……
会社《かいしゃ》行《い》きたくないなぁ…社内《しゃない》プレゼン直前《ちょくぜん》で雰囲気《ふんいき》ピリピリだし……
ピンポンピンポン
いらっしゃいませーっ
ストレスマックス
パチ☆
コーヒーひとつ

社交性の高い天秤座《てんびんざ》は、誰とでも打ち解けられる雰囲気《ふんいき》を出したり、
コミュニケーションする能力を持っていたりする。

あッ!!私《わたし》まちがえてコーヒー二《ふた》つ…
いいよいいよ♪二《ふた》つとも買《か》うから
ありがとー!
おはようございますおとめさん
何《なん》か余《あま》っちゃって…コーヒーどうですか?
あの雲《くも》うちのおひつじに似《に》てませんか?
スー
↑ひとかたまりだけ動きが速い
あははっ本当《ほんとう》ですねぇ
それはうちの…いや(笑)
あいつ本当《ほんとう》に落《お》ち着《つ》きがなくて
人付《ひとづ》き合《あ》いのいいてんびんさんといるとおとめさんのマイナス思考《しこう》も上向《うわむ》きになります

相手を深読みしすぎる二人

（乙女座／蠍《さそり》座《ざ》）

PPLE
24ん
あ
おはよう ございます
おはよう ございます
完璧主義《かんぺきしゅぎ》の二人《ふたり》
コンビニでも
「立《た》つ鳥跡《とりあと》を濁《にご》さず」
よし
パタン.
キキッ
キキ
キキッ
キキッ
サムデー
あ… いえ
すみません ねえ
宅配便
ガタ ガタ

蠍座《さそりざ》は洞察力《どうさつりょく》が長《た》けているがゆえに、ついつい深読みしすぎて、
余計な心配をしてしまうフシがある。

ガタガタ
あ
ササッ
失礼《しつれい》しますね
スッ
ピタッ
折ったメモ用紙
どうもありがとう
ありがとうございます
いえいえ
さすがギャラクシーさんの社長秘書《しゃちょうひしょ》
対応力《たいおうりょく》が違《ちが》いますね～
へらっ
そんなぁ普通《ふつう》ですよォ
えっもしかして私《わたし》嫌味《いやみ》言《い》われてる!?
へらり
やべっ嫌味《いやみ》っぽく聞《き》こえたかな!?
そんなつもりないのに～
な…何《なん》て言《い》ったら…
ヘラヘラ
ヘラヘラ
ずっと曖昧《あいまい》な顔《かお》してる! やっぱそうなんだ
完璧主義《かんぺきしゅぎ》の二人《ふたり》が一緒《いっしょ》にいるとお互《たが》い深読《ふかよ》みしすぎて変《へん》な空気《くうき》になりがち

みんな、もっと団結しようよ～

(蟹座《かにざ》／蠍座《さそりざ》／山羊座《やぎざ》／水瓶座《みずがめざ》／魚座)

あははは――
うふふふ―
フフフ…
ああまた社長妄想中…
いつも社内《しゃない》のみんなが一致団結《いっちだんけつ》し よりよい会社《かいしゃ》になることを空想《くうそう》しているうおさん
かにさーん
：
社内《しゃない》の団結《だんけつ》のためにレクリエーションですか?
うーーん…
……
…
※困《こま》った人《ひと》をほっとけない
そうだ!
出入《でい》り業者《ぎょうしゃ》や派遣《はけん》さんも呼《よ》んで社内運動会《しゃないうんどうかい》とかどうでしょう!?
ソレだ!!
社内運動会《しゃないうんどうかい》!いいですね!!

お手伝《てつだ》いお願《ねが》いしまーす!
お手伝い①
お手伝い②
どういう競技《きょうぎ》が盛《も》り上《あ》がりますかね〜?
玉入《たまい》れとか棒倒《ぼうたお》しとかは一致団結《いっちだんけつ》するプログラムだと思《おも》います!
そういう競技《きょうぎ》の道具《どうぐ》をレンタルできる会社《かいしゃ》があるか探《さが》さないとな
それと場所《ばしょ》はー
告知関連で引っぱり込まれたみずがめさん
ザワ
社内大運動会!!
日時＊○月
ザワ
ザワ
審査員席用のテントとマイクとBGMの手配と
ポスターチラシメーリングリスト…
本業も忙しいのにー
お先《さき》に失礼《しつれい》しまーす
かにさんは何《なん》でいつも早《はや》く帰《かえ》っちゃうんだよ!
手伝《てつだ》ってよー
うふふ…当日《とうじつ》をお楽《たの》しみに♥
?

水瓶座《みずがめざ》は、アイデア出しや情報収集が得意で、さらにＩＴも使いこなせるから、ミーティングにいると大活躍《だいかつやく》。※ただし、水瓶座《みずがめざ》の30％は、ＩＴ苦手です（笑）。

気を許す人、許さない人
(牡羊座《おひつじざ》／蟹座《かにざ》／蠍座《さそりざ》／山羊座《やぎざ》／水瓶座《みずがめざ》)

運動会当日《うんどうかいとうじつ》
ペカー
よかったですね！晴《は》れましたね!! 楽《たの》しみですねーー!!!
わーいわーい!!
うるさいな 手伝《てつだ》わないならむこう行《い》ってろ
おーい！
おはようございます！
ドーーン
運動会日和《うんどうかいびより》ですね～!!
!?
？
その大荷物《おおにもつ》何《なに》？
はいっ
サッ
今日《きょう》1日《にち》同《おな》じチーム同士《どうし》の結束《けっそく》が固《かた》まるようにおそろいのTシャツを着《き》てもらいまーす!!
じゃーーん!

年齢性別問わず、大衆的にウケるようなかわいいキャラにハマってしまうのも、蟹座《かにざ》の特徴。

はいっ やぎ部長《ぶちょう》は白《しろ》ネコさん！
みずがめさんはピンクうさちゃん!!
これを作ってたのか…！
さそりさんは黄色《きいろ》いゾウさん！
こんな応援《おうえん》グッズも作《つく》りましたーっ
Fight
目線こっち
各《かく》チームの代表者《だいひょうしゃ》取《と》りに来《き》てくださーい！
しかしこれはなかなか生地《きじ》が厚《あつ》いな
原価は－
……
※みずがめさんは大衆的《たいしゅうてき》なものがキライ
うんうん
あの～ 僕《ぼく》らのチームのTシャツとか作《つく》り込《こ》みが雑《ざつ》な気《き》が…
どよん…
ネコ
かにさんと付き合いがうすい人たち
フフ…
文句《もんく》があるなら着《き》なくてもいいんですヨ？
かにさんは仲間《なかま》とみなした人《ひと》には面倒見《めんどうみ》はいいが心《こころ》を許《ゆる》していない人《ひと》には超《ちょう》クール

ノリでガンガンいっちゃいます♪

（牡羊座《おひつじざ》／牡牛座《おうしざ》／双子座）

今日《きょう》は呼《よ》んでくださってありがとうございまーす！
楽《たの》しんでいってくださいね！
ワー
ワー
ただいまの競技《きょうぎ》！白《しろ》ネコチームの勝利《しょうり》ー！
ワー
ワー
審査員席
※情報収集《じょうほうしゅうしゅう》が得意《とくい》
今《いま》棒倒《ぼうたお》しで勝《か》った白《しろ》ネコチームの作戦《さくせん》は棒倒《ぼうたお》しで有名《ゆうめい》な防衛大学校《ぼうえいだいがっこう》で取《と》り入《い》れていて
防御《ぼうぎょ》を担《にな》うキラー役《やく》が重要《じゅうよう》なんですよ
ほう…
リレーのアンカーを務《つと》めるおうしさんは
高校《こうこう》のとき陸上部《りくじょうぶ》の県大会《けんたいかい》で3位《い》の成績《せいせき》だったそうです
ワー
ワー
へぇ～
ふたごさん解説《かいせつ》すごーい！
物知《ものし》りなんですねー！
それ程《ほど》でも…♥
えへ♡
あの子《こ》も足《あし》が速《はや》そうですよね～
ぴょん
ぴょん
おっしゃーやるぜ!!
おちつけ
あーそうなんですよ～

いろいろと情報を知っている長所を持つのが双子座だが、褒《ほ》められると悪ノリしやすく、知ったかぶりな発言をすることがある。

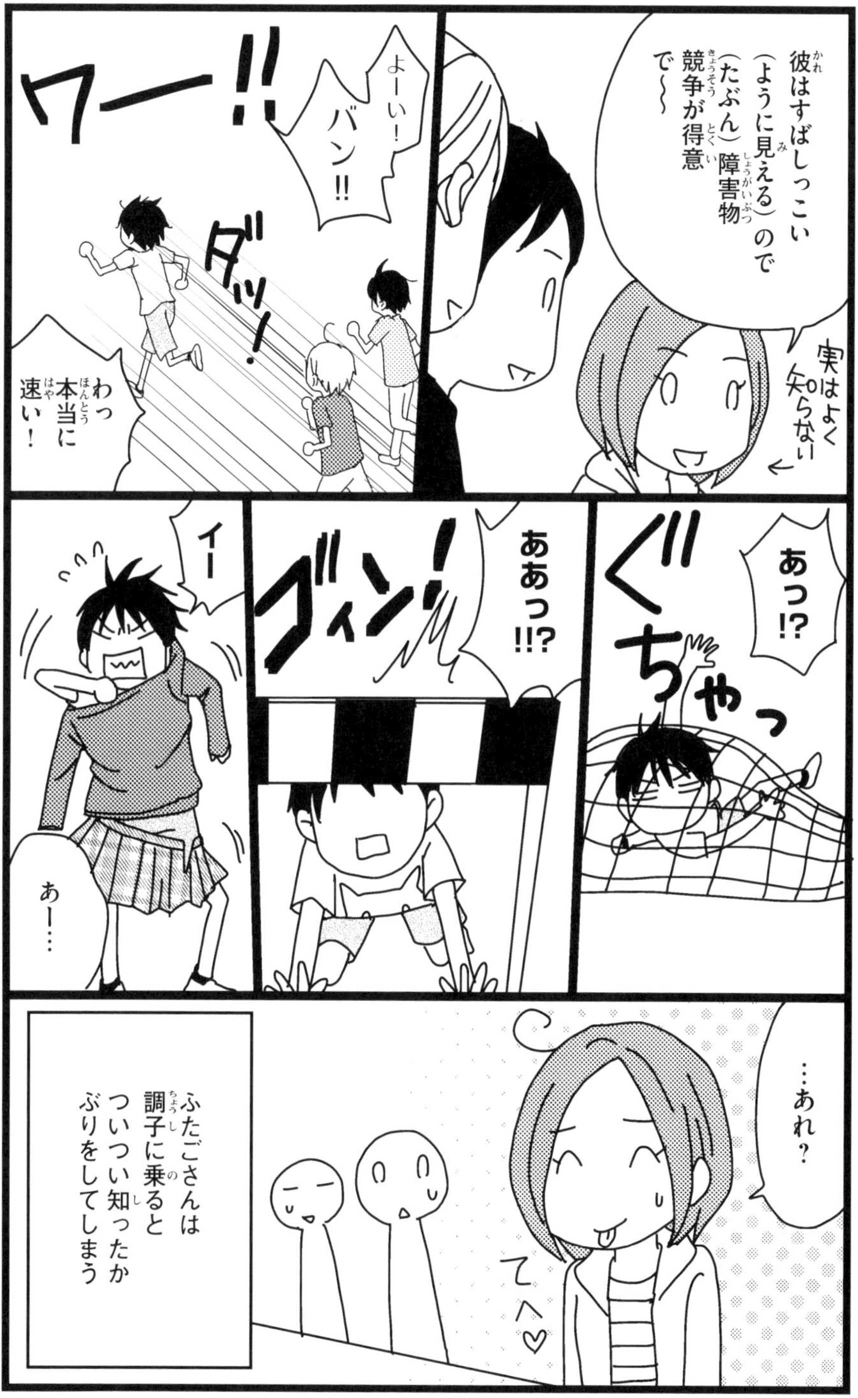
彼《かれ》はすばしっこい（ように見《み》える）ので（たぶん）障害物《しょうがいぶつ》競争《きょうそう》が得意《とくい》で〜
実はよく知らない
よーい！
バン!!
ワー!!
ダッ！
わっ本当《ほんとう》に速《はや》い！
あっ!?
ぐちゃっ
ああっ!!?
ゴィン！
イー
あー…
…あれ？
てへ♡
ふたごさんは調子《ちょうし》に乗《の》るとついつい知《し》ったかぶりをしてしまう

みんなの注目を集めるのは俺《おれ》だ！

（獅子座《ししざ》／乙女座／天秤座《てんびんざ》）

キラーリ
フフ
切った
切った
切った
でもウサギ
キャー
キラ
シュタ!
キャー
キラ
キラ
キラ
キャー
メラッ
はは…
スポーツって
汗《あせ》かくね…
俺《おれ》も
目立《めだ》ちたい!!
私のタオル使って!!
私のを!!
私の!!
キャー
キャ
次《つぎ》の
大玉転《おおだまころ》がしは
一般《いっぱん》の皆様《みなさま》も
参加《さんか》できます
ご希望《きぼう》の方《かた》は
スタートゲート
に……
よし
出《で》るぞ!!
言うと思ってたけど!
えーっ
第《だい》5コース
飛《と》び入《い》りの
コスモさん…
ザッ
…ザッ

よし！
みんなが俺《おれ》を見《み》てる…!!
ワー
ワー
ワー
ししさん靴《くつ》ヒモほどけてますよ！
Tシャツのスソ曲《ま》がってる！
ヨーイ…
ドン!!
ワー
ワー
ワー
よし！俺《おれ》たちが一番《いちばん》だ!!
ドドドドドドド
いっちばーん!!
ああっと!!隣《となり》の大玉《おおだま》がコスモチームへー!!
ドーン!!

このすきに第《だい》3コースがゴー——ル!!
大丈夫かおとめ!!
……
翌日《よくじつ》
コスモ（株）オフィス
いやー昨日《きのう》は楽《たの》しかったなー
ん？どうした？
…あいつらにまだ謝《あやま》ってもらってないんで……
俺超目立ったしー!!
おとめさんは相手《あいて》が謝《あやま》らないと引《ひ》きずってしまうのです
ぐーーリ
ぐーーリ
ぐーーリ

童心を忘れていない獅子座《しざ》は、レクリエーション的な行事をいつまでも無邪気《むじゃき》に楽しむことができる。

恋の予感!?

(牡羊座《おひつじざ》/蟹座《かにざ》/蠍座《さそりざ》/射手座《いてざ》)

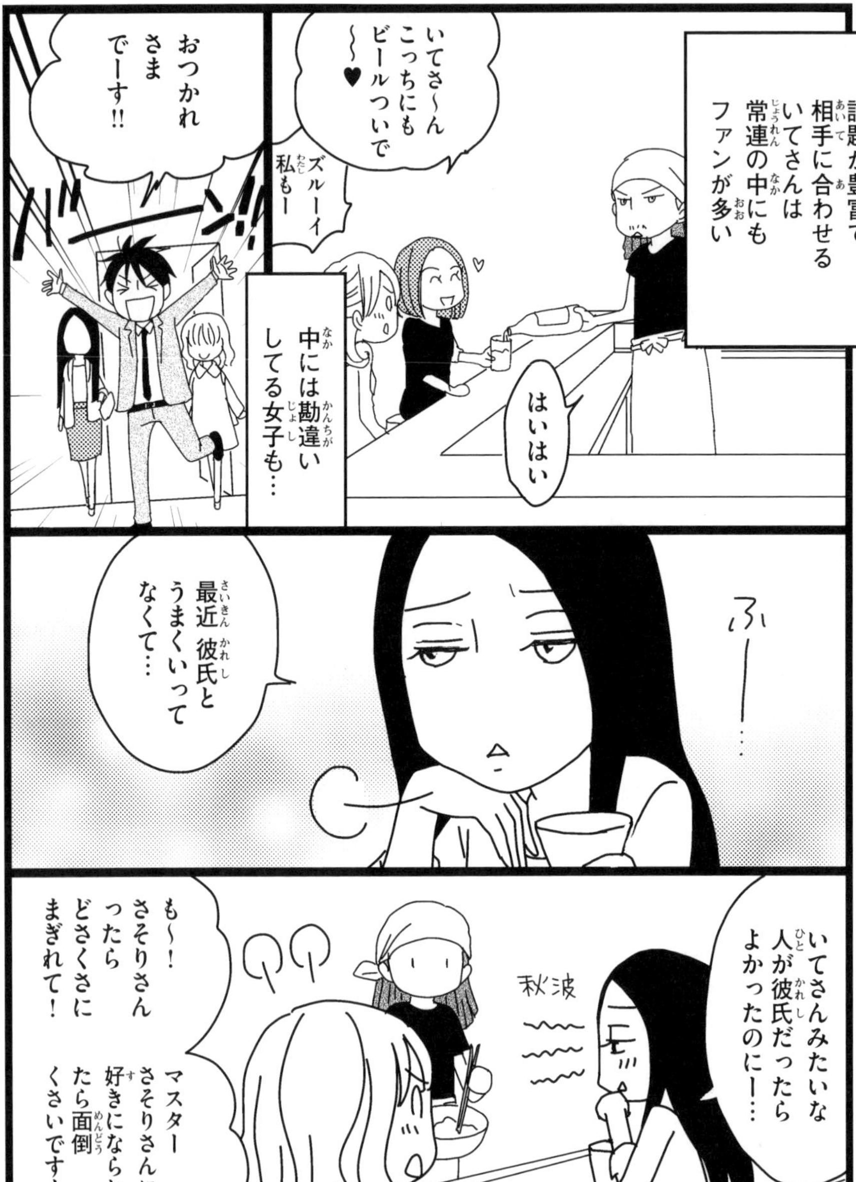

話題《わだい》が豊富《ほうふ》で相手《あいて》に合《あ》わせるいてさんは常連《じょうれん》の中《なか》にもファンが多《おお》い
はいはい
いてさ〜んこっちにもビールついで〜〜♥
ズルーイ私《わたし》もー
中《なか》には勘違《かんちが》いしてる女子《じょし》も…
おつかれさまでーす!!
ふー…
最近《さいきん》 彼氏《かれし》とうまくいってなくて…
いてさんみたいな人《ひと》が彼氏《かれし》だったらよかったのにー…
秋波
もー! さそりさんったらどさくさにまぎれて!
マスター さそりさんに好《す》きになられたら面倒《めんどう》くさいですよ!

牡羊座《おひつじざ》は、気持ちが先走り、今の状況を忘れて行動しがちなので、足先をぶつけたり、やたらケガをしやすかったりする。

二人がとても楽しそうだったから…

（乙女座／射手座《いてざ》／水瓶座《みずがめざ》）

こんばんはー
カラン
カラン
いらっしゃい
お おとめさん こんばんはー
みずがめさん ごぶさたしてます
わい
わい
じっ
……
あれ…？
New!
自家製プリン ￥320
プリン始《はじ》めたんですね
さすがおとめさん 目《め》の付《つ》け所《どころ》がいい！ よく気付《きづ》いたねー
今人気《いまにんき》のプリン 30種類《しゅるい》以上《いじょう》味見《あじみ》して 編《あ》み出《だ》したメニュー なんだよー
へへ
ほめられて うれしい

役立つ情報をいろいろと知っている水瓶座《みずがめざ》は、変わった情報や面白いネタのストックも豊富だったりする。また「変わってるね」と言われるのを喜ぶ面がある。

線路《せんろ》の向《む》こうのケーキ屋《や》のイチゴプリンは知《し》ってます?
オススメですよ♪
さすがみずがめさんユニークなものに詳《くわ》しいね~
面白《おもしろ》そうだから明日《あす》行《い》ってみるよ
へへ
ほめられてーうれしいー
あのプリンが
給食のプリンが
プリンって
プリンと
プリンっぽい
世界のプリン
抹茶プリン
チョコプリン
プリンプリン
プリン談義に花
じゃあ俺《おれ》こっちだから
今日《きょう》は楽《たの》しかったよ おやすみ
おやすみなさい また!
…あ 俺《おれ》終電《しゅうでん》ないや…
人《ひと》がよくて自分《じぶん》を犠牲《ぎせい》にしがちのおとめさん
盛《も》り上《あ》がっている二人《ふたり》に付《つ》き合《あ》いすぎて終電《しゅうでん》を逃《の》がしてしまうのであった
シーン…

各星座にひそむ！

天使《てんし》の姿 & 悪魔《あくま》の姿

（牡羊座《おひつじざ》、牡牛座《おうしざ》、双子座、蟹座《かにざ》、獅子座《ししざ》、乙女座）

聖人《せいじん》のような素敵な面もあれば、猛毒《もうどく》を吐《は》く面もあるのが人間。では、各星座ではどうなんでしょうか？　あの星座の天使の姿、そして悪魔の姿…、結果はいかに!?

牡牛座《おうしざ》

天使の姿

★慎重《しんちょう》なので軽率《けいそつ》な決断はしない
★心地のよい環境を作ってくれる
★誘ってあげると喜んでくれる

悪魔の姿

★締め切りを守ってくれない
★頑固《がんこ》で意見を聞いてくれない
★メールの返事がなかなか来ない

牡羊座《おひつじざ》

天使の姿

★アイデアをどんどん出す
★邪悪《じゃあく》な雰囲気《ふんいき》をすぐに解消する
★何事も率先《そっせん》してやってくれる

悪魔の姿

★少しでも遅いと許さない
★思ったことをズケズケと言う
★待つのが嫌いですぐにいなくなる

双子座

天使の姿

★情報通《じょうほうつう》で新しいことにも詳しい
★すぐにどこでも行ってくれる
★何でも面白がってくれる

悪魔の姿

★まとまった話をとっちらかす
★長続きしてくれない
★人が傷《きず》つくことをポロっと言う

蟹《かに》座《ざ》

天使の姿

★母性本能が強く面倒見がよい
★仲間のために戦ってくれる
★困った人を放っておけない

悪魔の姿

★ヤンキー気質で新参者《しんざんもの》に厳しい
★すぐにヒステリーを起こす
★ありがた迷惑なプレゼント多し

獅子座《ししざ》

天使の姿

★演出をするのが好きで場を盛り上げる
★テンション高めで周囲も元気に
★ピュアな心を思い出させてくれる

悪魔の姿

★オラオラ系でガンガン攻めてくる
★注目されないとヤジをとばす
★輝けないと機嫌《きげん》がすごく悪い

乙女座

天使の姿

★細かい作業にめっぽう強い
★問題点を見つけるのが上手
★頭の回転が速く面白い

悪魔の姿

★ドン引きさせるほどの潔癖症《けっぺきしょう》
★お礼を言い忘れると根に持つ
★自分と同レベルの成果を要求する

星座さんたちの一発エピソード その⑤

おうしさーん
裏《うら》から小麦粉《こむぎこ》持《も》って来《き》てくれる?
今手がはなせなくて
はい はーい
ココは本当《ほんとう》に飲食店《いんしょくてん》のバックヤードなの!?
てか小麦粉どこ?

射手座《いてざ》

Sagittarius

常に世界を見渡し、どの現場にも向かう研究熱心な射手座《いてざ》は、どんな行き先にも耐えうる旅行用具を持ってることも。ただ、エスカレートする傾向があり、大雑把《おおざっぱ》な面もあるので、仕事場もご覧のとおりに。

山羊座《やぎざ》

Capricorn

メリット最優先の山羊座《やぎざ》は、成果の規模、時間と金銭のコストパフォーマンスを徹底する。そのため、決断は明快で早い。でも、肩書きに弱いので、たまに向かう先がだいぶ偏《かたよ》ってしまう。

やぎ部長《ぶちょう》
今度《こんど》の金曜《きんよう》Z社《しゃ》の女《おんな》の子《こ》たちと飲《の》むんスけどー
忙《いそが》しい
やぎ部長《ぶちょう》
今度《こんど》の金曜《きんよう》モデルやってる子《こ》とCAの子《こ》が飲《の》みませんか? だって
よし 行《い》こう!
えーー!?
肩書《かたが》きに弱《よわ》い

第4章

見えない絆《きずな》で結ばれています

相手を立てるオトナの作法

（双子座／天秤座《てんびんざ》）

人《ひと》が財産《ざいさん》のてんびんさん
もちろん取引先《とりひきさき》も大切《たいせつ》にしてます
うちの営業部《えいぎょうぶ》とおもちゃ屋《や》さんの飲《の》み会《かい》どこがいいかな～
よし！ここにしよう！イケてるイタリアン！
トン．
おしゃれなイタリアン
すっごいオシャレですっごいおいしいです～♥
さすがてんびんさん！
こまめにテーブルを回って情報収集もおこたらない
気《き》に入《い》ってもらえてよかったです
そういえばプラネットさん来年《らいねん》は香港進出《ほんこんしんしゅつ》ですか!?
ふたごさん楽《たの》しんでますかー？
もちろん！
てんびんさんにはこんなステキなお店《みせ》をセッティングしてもらって感謝《かんしゃ》してます♥
よかったら二次会《にじかい》は私《わたし》に任《まか》せてもらえますか？
いいんですか？

もはや神業《かみわざ》レベルである。天秤座《てんびんざ》のきめ細やかな気配りと、それによって相手を気持ちよくさせるテクニックは。

二次会《にじかい》の場所《ばしょ》ここからだとちょっと歩《ある》くんですけど…
わい
わい
…ん？
あれ？
シ…ン
あれれ…？
あれれれ〜〜!?
道をまちがえた→
どうしよう〜
この辺にオシャレなバルがあるはずなのに
もしかしてあそこですか？
？
こんな穴場《あなば》を知《し》ってるなんてさすがですね
てんびんさん…
じーん…
わっ本当だ！イイカンジ〜！
私こういう所初めて〜！
わあっ
絶妙《ぜつみょう》なフォローは相手《あいて》を気持《きも》ちよくさせるのが得意《とくい》な彼《かれ》ならではの芸当《げいとう》です

途中《とちゅう》でやめておけばいいものを…

（蟹座《かにざ》／獅子座《ししざ》）

ビール 350
日本酒 480
枝豆 300
あたりめ 300
ほっけ 650
ねぇねぇ お姉《ねえ》さ〜ん 一緒《いっしょ》に飲《の》もうよ〜〜
困《こま》りますーっ
むむっ
ここは俺《おれ》が…!!
正義感《せいぎかん》の強《つよ》さをアピール
ガタン
ここで彼女《かのじょ》を助《たす》けたら俺《おれ》はヒーローー!
おい!!
やめろよっ 彼女《かのじょ》が嫌《いや》がってるじゃないか!!
バッ!
な…何《なん》だよ…
大丈夫《だいじょうぶ》でしたか!?
くるっ
あっ ありがとうございます!
お礼《れい》に一杯《いっぱい》ごちそうさせてください
本来《ほんらい》すぐに気《き》を許《ゆる》すタイプじゃないが
純粋《じゅんすい》にお礼《れい》のイミで

蟹座《かにざ》は、敵味方がはっきりしていて、敵とみなした人には、一向に心を開かない。
でも、味方とみなした人には、心を開いて愛情を注ぐ。

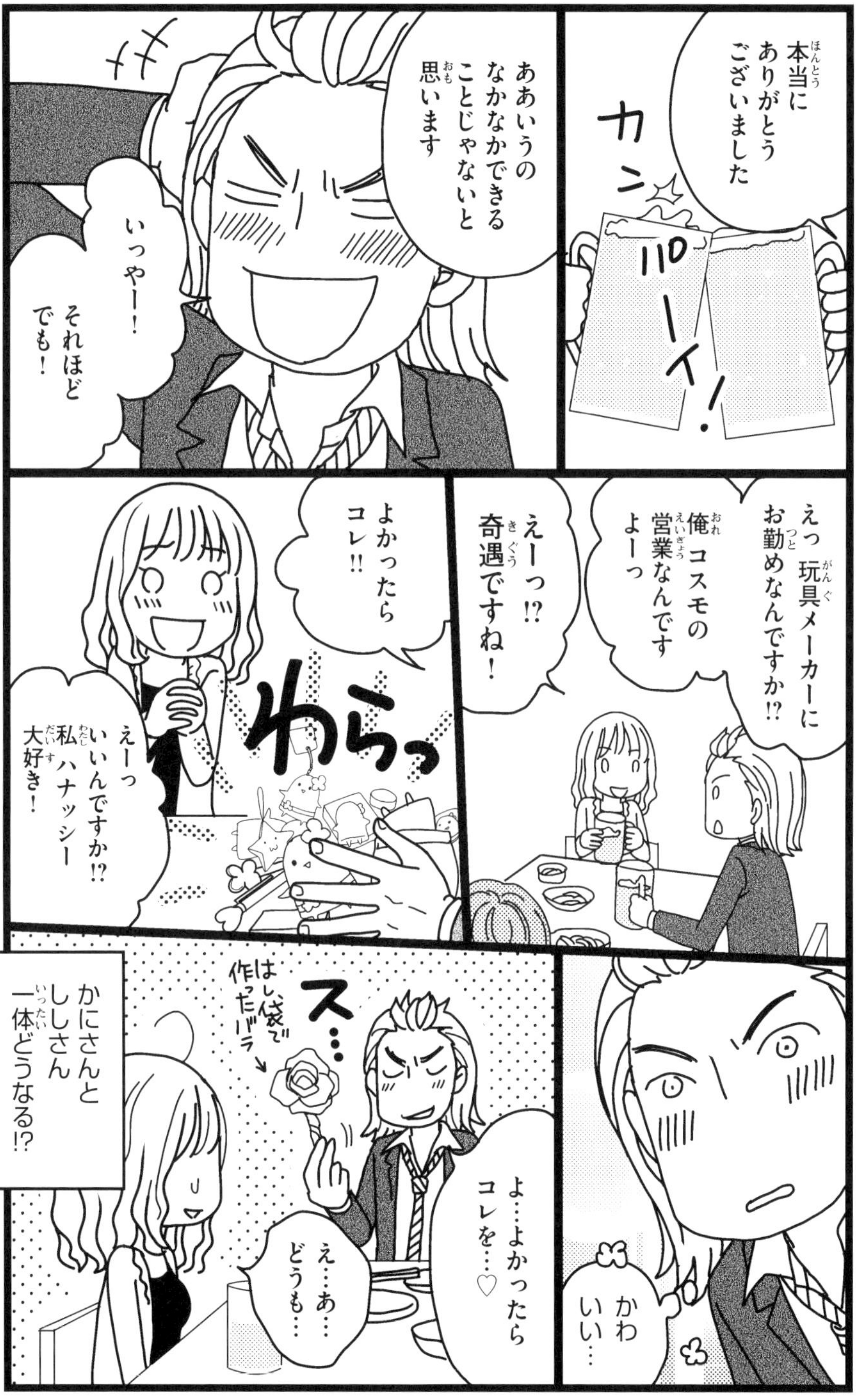
本当《ほんとう》に ありがとう ございました
カン
パーイ！
ああいうの なかなかできる ことじゃないと 思《おも》います
いっやー！ それほど でも！
えっ 玩具《がんぐ》メーカーに お勤《つと》めなんですか!?
俺《おれ》コスモの 営業《えいぎょう》なんです よーっ
えーっ!? 奇遇《きぐう》ですね！
よかったら コレ!!
わらっ
えーっ いいんですか!? 私《わたし》ハナッシー 大好《だいす》き！
かわ いい…
ス…
はし袋で 作ったバラ
よ…よかったら コレを…♡
え…あ… どうも…
かにさん と ししさん 一体《いったい》どうなる!?

タイプは違《ちが》うけど、相性抜群の二人

（獅子座《ししざ》／乙女座）

おい おとめ!
アレしろ コレしろ あと ヤキソバパン 買《か》ってこい
イヤですよ!!
ビッ
コスモのししさんと おとめさんの関係《かんけい》は まるで王様《おうさま》と 召使《めしつかい》のように 見《み》えますが…
得意先《とくいさき》で 聞《き》いたんだけど
××社《しゃ》が出《だ》している 手《て》が汚《よご》れない砂《すな》の 売《う》れゆきが相当《そうとう》 いいらしいぜ
うちも商品企画《しょうひんきかく》の 方《ほう》で何《なに》か手遊《てあそ》び系《けい》の 次世代《じせだい》アイテム できないかな!?
……
マーケティング部
先日《せんじつ》のモニター ヒアリングの 結果《けっか》なんですが
素材《そざい》や香《かお》りなどには 注意《ちゅうい》が必要《ひつよう》ですねぇ
他《ほか》にも——
×いいにおいが するもの (子供が口に 入れる)
×食べ物っ
※ 人《ひと》の役《やく》に 立《た》ちたい 願望《がんぼう》がある
おおー! ついに…!!
すきなかたちに かたまるすな
レンジでチン♪

人の役に立ちたい乙女座は、お礼を言われるとすごく嬉《うれ》しく、より一生懸命《いっしょうけんめい》になる。

すなすな
やっぱ自分《じぶん》で考《かんが》えた商品《しょうひん》が形《かたち》になるのは嬉《うれ》しいもんだなぁ
ししさん
浮《う》かれてるとこ何《なん》ですけど広報部《こうほうぶ》に出《だ》すリリース草案《そうあん》
日付《ひづけ》とか間違《まちが》ってますよ
うえーっマジかー
仕方ない直《なお》しときますね
サンキュー！お前《まえ》のチェックって正確《せいかく》だから助《たす》かるよ！
し…ししさんの目《め》の付《つ》け所《どころ》がよかったからこの商品《しょうひん》が世《よ》に出《だ》せるわけだし
これくらいお手伝《てつだ》いさせてくださいよ
いいもんが作《つく》れてよかったな!!
ガッ
しっ
実《じつ》はとてもいいコンビ

僕《ぼく》が食べたいのはそれじゃないんだけど…

(牡牛座《おうしざ》／射手座《いてざ》)

いてさんのお店《みせ》は
世界各国《せかいかっこく》の料理《りょうり》が
食《た》べられますが
カレー食《た》べたい
超《ちょう》カレーモード
そうだ
いてさんの所《ところ》に
行《い》こう…
おうしさんは
専門店《せんもんてん》より
いてさんのお店《みせ》の
カレーを愛《あい》しています
※おうしさんは
自分《じぶん》が体験《たいけん》したこと以外《いがい》は
あまり信《しん》じないので
一度信頼《いちどしんらい》した所《ところ》によく行《い》く
こんばんはー!!
マスター
カレー…
カランカラン
あっ!
おうしさん!
ちょうどいい
ところに!
ジュー
ジュ
スパイスを効《き》かせた
オリジナル焼《や》きそば!
これ新作《しんさく》なんだけど
食《た》べるよね?
じゃん!

牡牛座《おうしざ》は、12星座の中で一番五感に優《すぐ》れている。
味見してもらうのなら、この人がベスト!

え!? 僕《ぼく》はカレーを……
インドでいいスパイスが手《て》に入《はい》ってさぁ
移動《いどう》が長《なが》かったから尻《しり》が痛《いた》くなっちゃったけどなー
スパ——イス
このスパイスなかなか手《て》に入《はい》らないんだぜ
もちろん食《た》べるよね?
すごいスパイス
カレー…インド…スパイス…
あー…うん…じゃ…じゃあそれで…
ディスカッションが得意《とくい》ないてさんに翻弄《ほんろう》されて
決断《けつだん》に時間《じかん》がかかるためなかなか自分《じぶん》の意見《いけん》が言《い》えないおうしさん
お…おいしいです…
そうかうまいか それはよかった
ついつい いてさんの新作料理《しんさくりょうり》の味見役《あじみやく》をさせられちゃうのです

喧嘩《けんか》を通じて培《つちか》われる友情!?

（牡羊座《おひつじざ》／蟹座《かにざ》／射手座《いてざ》）

今度《こんど》店《みせ》で出《だ》そうと思《おも》ってるベトナムのお菓子《かし》試作《しさく》したんだけど
よかったら食《た》べてみて
わーっ いいんですか!? うれしいっ♪
いいなー！俺《おれ》も食《た》べたーい！
わっ おいしいー！
優《やさ》しい甘《あま》さでこれならカロリーを心配《しんぱい》しなくていいかもー♥
※チェー
豆・イモ・穀物・果物などを砂糖と一緒に煮た、ぜんざいのようなベトナムのスイーツ♡
もちろんおひつじさんにも食後《しょくご》に出《だ》そうと思《おも》ってたよ
コトッ
ジー
なーんかこの見《み》た目《め》食欲《しょくよく》そそられないなー
ビクッ

純粋《じゅんすい》な牡羊座《おひつじざ》は、思《おも》ったことをそのまま
ストレートに言《い》ってしまうところがある。

そういう寝言《ねごと》は食《た》べてから言《い》ってもらおうか！
ええ 食《た》べさせてもらいますよ！
ハラ ハラ
やっぱこの豆《まめ》の食感苦手《しょっかんにがて》ー
この絶妙《ぜつみょう》なコンビネーションがわからんのか？
ゴゴゴゴ…
懲《こ》りすぎた料理《りょうり》って作《つく》る側《がわ》の自己満足《じこまんぞく》ってことが多《おお》いですからね
何《なに》イ!?
止《と》めた方《ほう》がいいのかしら
ハラ ハラ ハラ ハラ ハラ
ぱああああ
ありがとう！参考《さんこう》になったわ
!?
マスターの料理《りょうり》ウマイからこっちも要求《ようきゅう》が高《たか》くなっちゃって
またアドバイス頼《たの》むな！
??
互《たが》いに競《きそ》い合《あ》って磨《みが》かれるいてさんと言《い》いたいことを言《い》うのが気《き》持《も》ちいいおひつじさん
二人《ふたり》とも後《あと》に引《ひ》きずらない性格《せいかく》なのでした

夢はデッカくいこうぜ！

（牡羊座《おひつじざ》）

「世界《せかい》の大実験《だいじっけん》くんTV」!!
さて今日《きょう》の実験《じっけん》は～
ジェット風船《ふうせん》で空《そら》を飛《と》べるか!?です
!!!!
ぱあああああ

嫌なことがあっても、引きずったり根に持ったりしないのが牡羊座《おひつじざ》の長所。一晩《ひとばん》過ぎると、ケロっとしていたりする。

1
ぐっ
2
START
3
0!!
ビュー!!
わぁぁぁぁぁ
スピード感《かん》たまんねェ…
うっとり…♡
将来《しょうらい》の夢《ゆめ》がまたひとつ増《ふ》えたなぁ!
まったく浮《う》きませんね〜
これは大失敗《だいしっぱい》ですね〜
ふふ♡
将来の夢ノート
と言《い》いつつ翌日《よくじつ》には忘《わす》れるおひつじさんであった

禁じられた愛？

（蠍座《さそりざ》／魚座）

新商品
社内コンペ！
うん うん
社長《しゃちょう》！
新商品
社内コンペ！
この企画《きかく》いいですね
複数《ふくすう》の商品企画《しょうひんきかく》チームを競《きそ》わせて社内《しゃない》コンペをするのはわが社初《しゃはつ》の試《こころ》み
どのチームも気合《きあ》いが入《はい》っています
さすがに社長《しゃちょう》のアイデアですわ
じ…
え…
トク…ン…

ジー…
も…もしかして
社長《しゃちょう》…私《わたし》のことを…？
私《わたし》たちはあくまでも
社長《しゃちょう》と秘書《ひしょ》の
関係《かんけい》なのに…
いけないわ…
しゃ…
社長《しゃちょう》…？
さそりさん…
もしかして
僕《ぼく》のこと
好《す》きなの？
キラ
キラ
キラ
ガクッ
なんでそうなる!?
!?
え？
違《ちが》うの？
なーんだ
うおさんは
褒《ほ》められると
すぐ
「自分《じぶん》のことが
好《す》きなの？」と
勘違《かんちが》いしてしまう
タイプなのでした

これだけは許せないかも…

（牡羊座《おひつじざ》／牡牛座《おうしざ》／山羊座《やぎざ》）

ザワ
ザワ
ザワ
みんな気合《きあい》入《はい》ってるな！
コンペは1週間後《しゅうかんご》だぞ もう少《すこ》し頑張《がんば》ろう！
お── !!
あ～～今日《きょう》も午前様《ごぜんさま》だよー
お前《まえ》 パワポで凝《こ》った資料《しりょう》を作《つく》るだけで仕事《しごと》した気《き》になってないか？
この数字《すうじ》の根拠《こんきょ》は？
あ…えっと…
見栄《みば》えより中身《なかみ》を詰《つ》めろよ
はいっ…
それと差《さ》し入《い》れ買《か》ってきたから
みんなも適当《てきとう》に休憩《きゅうけい》入《い》れろよ
わあっ！
やったー！
ありがとうございまーす！
──と
よき上司《じょうし》であるやぎさんですが

ありがとうございます！
いただきまーす！
おー
うっわー！
これちょーうっめーよ!!
さっすがやるじゃんやぎさんっ！
ピキーン
うっめーよ…？やるじゃん…!?
そりゃよかった…… ……
コソ
わっバカお前《まえ》！
「人《ひと》と目《め》を合《あ》わせない」
「声《こえ》が低《ひく》くなる」
「黙《だま》る」は
やぎ部長《ぶちょう》が怒《おこ》ったときの3大《だい》サインって言《い》われてんだぞ!!
むぐ
むぐ
コソ
うぷっ
やるじゃん…
フフフ…
ブルブル
ブル
やぎさんは部下《ぶか》のタメ口《ぐち》を絶対《ぜったい》に許《ゆる》さない縦社会人間《たてしゃかいにんげん》なのです

親しき中にも礼儀《れいぎ》あり。
これぞ、山羊座《やぎざ》のモットー。

彼なら最後はやってくれる!?

（牡羊座《おひつじざ》／牡牛座《おうしざ》／天秤座《てんびんざ》）

終《お》わったー！
いよいよ明日《あした》コンペだな出来《でき》はどうだ？
自信《じしん》アリだぜ！
あとはこれをコピーして…
仕事《しごと》が丁寧《ていねい》なおうしさん
コツコツ
うそっ!?
おうしさんまだやってんスか!?
コンペ明日《あした》ですよ!?
間《ま》に合《あ》うのかよ!?
うん…
会社《かいしゃ》の歯車《はぐるま》になった以上《いじょう》納期《のうき》は絶対《ぜったい》だぜ？
うん…
おーい！
このUSB誰《だれ》んだー!?
会議室《かいぎしつ》のカギー！
この資料《しりょう》作《つく》った奴《やつ》ー！
ホチキスの針《はり》くださーい！
バタバタ
バタバタ
おうしさん大丈夫《だいじょうぶ》かしら
うん
コツコツ

牡牛座《おうしざ》にとっては、五感を通じて身体を癒《いや》すことはとても大事。癒《いや》しを取り入れることで、仕事がはかどったりする。

ふ…っ
にーーっ
ガラガラ
なんだよ 実《じつ》は資料《しりょう》 出来上《できあ》がってたのかよー
ホッ
ホッ
もー おうしさんたら みんなを驚《おどろ》かせようとしてー
じゃーーん!
ん?
このアロマはね～ 集中力《しゅうちゅうりょく》を高《たか》めてくれるんだよ～♪
んーっ いい香り～♡
アロマ好き
アロマ!?
アホか お前《まえ》は!!
そんなことしてる 場合《ばあい》じゃないっスよ～～!!!
何《なん》で?
キョトーン
あくまでマイペースなおうしさん
プレゼン開始《かいし》まで あと12時間《じかん》!! 間《ま》に合《あ》うのか!?

え、なんで知ってるの!?

（蠍《さそり》座《ざ》／水瓶《みずがめ》座《ざ》／魚座）

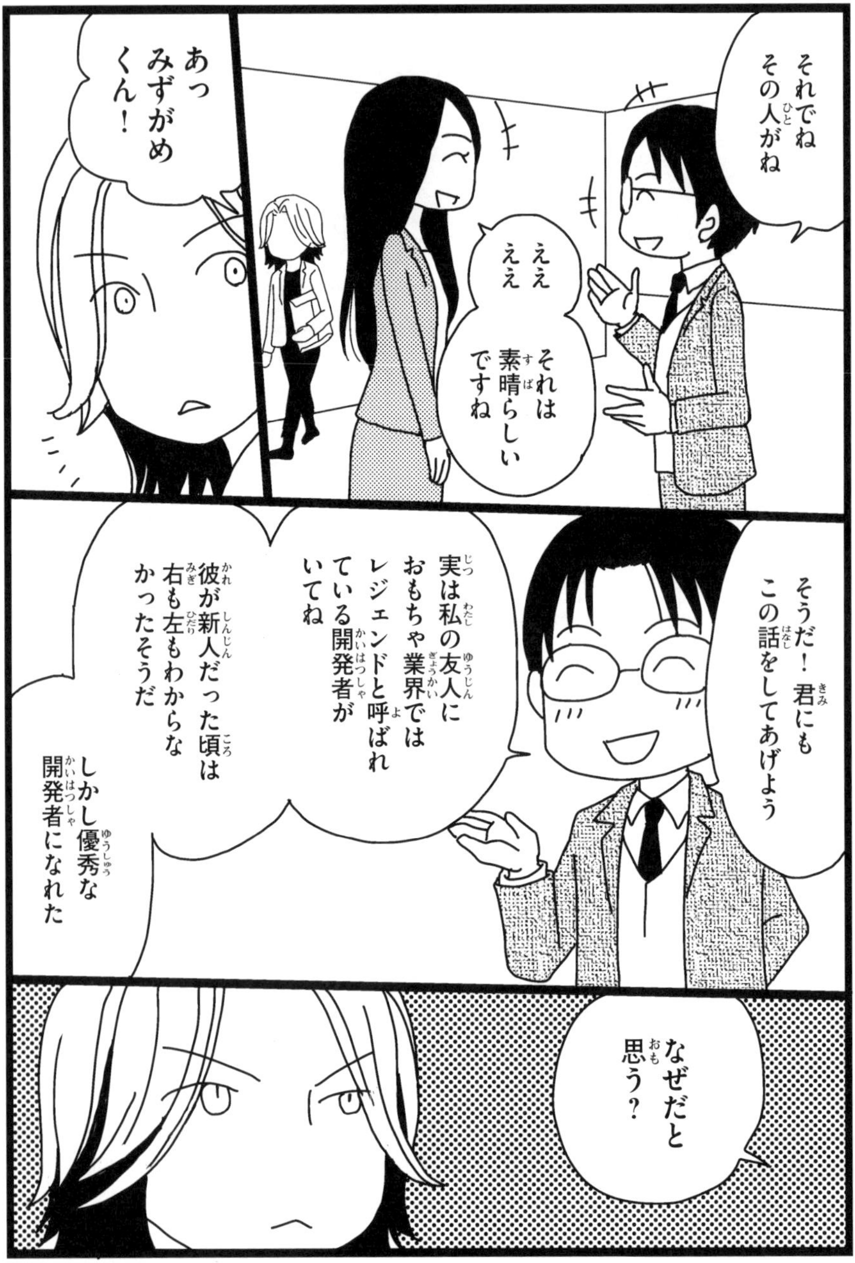
それでね その人《ひと》がね
ええ ええ
それは 素晴《すば》らしい ですね
あっ みずがめ くん！
そうだ！ 君《きみ》にも この話《はなし》をしてあげよう
実《じつ》は私《わたし》の友人《ゆうじん》に おもちゃ業界《ぎょうかい》では レジェンドと呼《よ》ばれ ている開発者《かいはつしゃ》が いてね 彼《かれ》が新人《しんじん》だった頃《ころ》は 右《みぎ》も左《ひだり》もわからな かったそうだ しかし優秀《ゆうしゅう》な 開発者《かいはつしゃ》になれた
なぜだと 思《おも》う？

天然気質《てんねんきしつ》の魚座は、一回した話をまた話してしまうクセがある。優しく受け止めてあげましょう！

ネットのない時代《じだい》だったので人《ひと》と話《はな》してわからない単語《たんご》が出《で》てきたらすぐに図書館《としょかん》で調《しら》べて頭《あたま》に叩《たた》き込《こ》んだんですよね？
それを数十年《すうじゅうねん》続《つづ》ける間《あいだ》に業界関連知識《ぎょうかいかんれんちしき》が完璧《かんぺき》に頭《あたま》に入《はい》って……で……で……なんですよね？
………
それじゃ打《う》ち合《あ》わせなんで失礼《しつれい》しまーす
天然《てんねん》のうおさん同《おな》じ話《はなし》をしてしまいがち
社長!!このお話は何度聞いても素晴しいですよねっっ!!私もいつも感動していてっっ!!
あわ
あわ
あわ
あわ
情報《じょうほう》ツウのみずがめさんは以前《いぜん》聞《き》いたことを覚《おぼ》えていてそれを相手《あいて》に指摘《してき》してしまうのでした

もしかして、怒ってる…？

（射手座《いてざ》／水瓶座《みずがめざ》／魚座）

あれ？
うおさん
あの温厚《おんこう》な
うおさんが
涙《なみだ》!?
えっ!?
カランカラン
いらっしゃいませー
う…
うおさん
何《なに》かあったん
です…
!?
憤怒!!
……!!?
ビクッ!!
ななな何《なん》だ!?
俺《おれ》何《なに》かしたか!?
もしかしたらこの前《まえ》
パワーストーンについて
長時間《ちょうじかん》語《かた》ったことを
怒《おこ》ってる!?
???

あれ？
いてさんじゃないですか？
うーん うーーん？
あ 本当《ほんとう》だ
おーい
あれ？怒《おこ》ってない？
ど…どうも
いてさんも見《み》て見《み》てこれ面白《おもしろ》いよー！
世界《せかい》の名作動画《めいさくどうが》100連発《れんぱつ》!!
みずがめくんが編集してくれましたー♪
じゃーーーん
よくこれだけの数《かず》編集《へんしゅう》したよね～
社長《しゃちょう》の百面相《ひゃくめんそう》の方《ほう》がスゴイですよ～
ホ…ッ
もうやめてよ～
よかった…
にしても仲いいな

共感力がハンパない魚座は、自分の気持ちと相手の気持ちの境界線もあやふやになるくらい、寄り添ってくることがある。たとえ相手がテレビの中の人であっても…！

役職《やくしょく》を超《こ》えた強い信頼感《しんらいかん》

（水瓶座《みずがめざ》／魚座）

従業員《じゅうぎょういん》と社長《しゃちょう》と
いう枠《わく》を超《こ》えて
気《き》が合《あ》う
うおさんと
みずがめさん
実《じつ》は
飲《の》み友《とも》だちです
この前《まえ》オープンした
商業施設《しょうぎょうしせつ》の
ソラポート
建築家《けんちくか》は遠藤秀雄《えんどうひでお》
みたいだよ～
あの人《ひと》の建築《けんちく》って
スペインの
アウディ
っぽいですよね
今《いま》上野《うえの》で
アジア初《はつ》の
回顧展《かいこてん》やって
ますけど
ご覧《らん》に
なりました？
アウディとは
さすが
マニアック
だね～
もちろん
行《い》ったよー
やっぱ
彼《かれ》のデザインは
面白《おもしろ》いね～
そういえば今度《こんど》
◯◯にできる
美術館《びじゅつかん》知《し》ってる？
話題《わだい》が尽《つ》きる
ことなく
盛《も》り上《あ》がる二人《ふたり》
あー！◯◯ですね！
オープンしたら自分《じぶん》も
行《い》こうかなっと…
大衆的《たいしゅうてき》なものが
好《す》きではないみずがめさんと
デザイン的《てき》センスがある
うおさんはとても
話《はなし》が合《あ》うのです

普段、感情を露《あら》わにするのが格好悪いと思っている水瓶座《みずがめざ》。しかし、精神的に弱ってるときは、共感してくれる人をやたらと求めてくる。

それでです ね――…
そのとき彼女《かのじょ》は 僕《ぼく》に何《なん》て言《い》ったと 思《おも》います～？
うい～
ひどすぎると 思《おも》いませんか～？
うんうん それは彼女《かのじょ》が よくないね
うおさ～ん
ですよね～～
うん うん
普段《ふだん》仕事《しごと》では クールだが 弱《よわ》ってくると 共感《きょうかん》してほしがる みずがめさんにとって
共感力《きょうかんりょく》の高《たか》い うおさんは とても癒《いや》される 存在《そんざい》でもあるのです

各星座にひそむ！

天使《てんし》の姿
&
悪魔《あくま》の姿

（天秤座《てんびんざ》、蠍座《さそりざ》、射手座《いてざ》、山羊座《やぎざ》、水瓶座《みずがめざ》、魚座）

110～111ページを読んで、親しみが持てた部分、恐ろしくなった部分、どっちもあったはず…。さて、天秤座《てんびんざ》、蠍座《さそりざ》など残る6星座はどうなのか？　結果はこちらです！

蠍座《さそりざ》

天使の姿

★強い集中力を発揮し、持続力も高い
★気に入った相手には献身《けんしん》する
★ひとつのことをとことん極める

悪魔の姿

★裏切りは断じて許さず倍々返し
★大昔の嫌なことも全部覚えている
★騒《さわ》がしいとすぐにイライラする

天秤座《てんびんざ》

天使の姿

★髪型《かみがた》・服装のセンスがよい
★会話と振る舞いで心地よくさせる
★交渉が得意

悪魔の姿

★中味よりも外見に走ってしまう
★すぐに比べて優《ゆう》越《えつ》をつけたがる
★些細《ささい》なことでも格好つける

射手座《いてざ》

天使の姿

★ディスカッションが得意
★新規開拓《しんきかいたく》をいとわない
★目標の設定値が高い

悪魔の姿

★ルーチンワークが苦手
★ルールが多いと実力が発揮できない
★すぐに勝負を挑《いど》んでくる

山羊座《やぎざ》

天使の姿

★役立つものを無駄なく生み出す
★仕組み作りがうまい
★責任感があり納期を守る

悪魔の姿

★軍隊張りの縦社会重視で窮屈《きゅうくつ》
★遠回りなことを排除する
★現実的でないと興味を持たない

水瓶座《みずがめざ》

天使の姿

★斬新《ざんしん》でユニークな発想をする
★人と人をつなぐ場を作れる
★人に分け隔《へだ》てなく接する

悪魔の姿

★屁理屈《へりくつ》を並べて守りに入る
★ツンデレ
★奇抜なことに没頭する

魚座

天使の姿

★周囲を癒してくれる愛されキャラ
★親身になって話を聞いてくれる
★ロマンチック

悪魔の姿

★優柔不断《ゆうじゅうふだん》で決断力がない
★思考が矛盾《むじゅん》している
★占いに行きすぎて迷い続ける

星座さんたちの一発エピソード その⑥

みずがめさん それは何《なに》…？
俺《おれ》のランチ だけど何《なに》か？
ボリ ボリ
ビタミンゼリーABC
サプリメント ごはん
DHA
ビタミ
アミノ酸
お子はマネしないでね！

水瓶座《みずがめざ》

Aquarius

未来的なものを好む水瓶座《みずがめざ》は、最先端の科学が生み出したサプリを平然とメインディッシュにすることが。しかも、そんな食事をして変わっていると思われるのも、内心では喜んでいたりする。

魚座

Pisces

迷うことが多い魚座は、行先もよく迷う。自分の会社であろうと迷子になることも…!? でも、そんなフワフワしている感じの「困ったちゃん」になっている自分も、実は楽しんでいる。

うろうろー
？
うろうろうろ
社長《しゃちょう》 さっきから どこへ…？
商品企画部《しょうひんきかくぶ》を のぞきたくて
5Fに ありますけど… ここは2F
えっ 本当《ほんとう》？
会社《かいしゃ》で迷子《まいご》
またか。

第5章 クリスマス商戦を制するのはどっちだ!?

私《わたし》モデルのエリィ好《す》きなんだ~!
最近《さいきん》よく出《で》てるよね
着《き》こなしもいいけど足首《あしくび》がヤバイよねー!
わかるー!あのくびれ!
足首《あしくび》!?
やっぱ読《どく》モのアンナちゃん神《かみ》だよね!
アタシもアンナちゃんみたいになりたいよ!てかずっと見《み》てたい!!
このメイクどうやってんだろーっ
超《ちょう》~神《かみ》!!
今時《いまどき》の女子高生《じょしこうせい》って……ふむ
株式会社★ギャラクシー

うーむ…
やぎ部長《ぶちょう》！
どうしたんですか？難《むずか》しい顔《かお》して
コーヒーでもどうですか？
みずがめくん
そういえば
最近《さいきん》の女子高生《じょしこうせい》って憧《あこが》れのモデルのどこを見《み》てると思《おも》います？
顔《かお》だろ？
それがですねこの間《あいだ》街《まち》で聞《き》いたんですけど…
足首《あしくび》を…
カッ
ソレだ!!
!?
——数日前《すうじつまえ》
ミミちゃんが誕生《たんじょう》30周年《しゅうねん》を迎《むか》えるわけだが…
往年《おうねん》のファンも取《と》り込《こ》みつつ新規《しんき》ファンを開拓《かいたく》できるような仕掛《しか》けについて
何《なに》か妙案《みょうあん》は出《で》ているか？
えーと…
いろいろと動《うご》いてはいるんですが
ミミちゃん

なかなかまとまらなくて…
女子高生・女子大生を招いてのブレーンストーミング
おかし！おかしたくさんあるからねっ
食べてねっ
ジュースもあるよ
あめちゃんもあのっえーと
わあ
お兄さんマジで会社員なのーってウケるー
たよりねー！
あたしコーラ
わあ
ぎゃはは
わあ
あはは
……
すみません…
全くコントロールできませんでした…
ミミちゃんのよさはレトロ感《かん》とモダンさの絶妙《ぜつみょう》なミックス感《かん》だ
今《いま》のみずがめくんの話《はなし》を聞《き》いて
ミミちゃんの顔《かお》は大幅《おおはば》には変《か》えず今時《いまどき》の女子高生《じょしこうせい》がこだわるディティールを取《と》り入《い》れたらどうだろう
例《たと》えば足首《あしくび》を細《ほそ》くしてハイヒールをはかせるとか
ぐっ
腕《うで》も今時《いまどき》のモデルっぽく少《すこ》し長《なが》くして
稼動域《かどういき》を広《ひろ》げれば物《もの》を持《も》たせても映《は》えるぞ…！
新！
旧
……!!

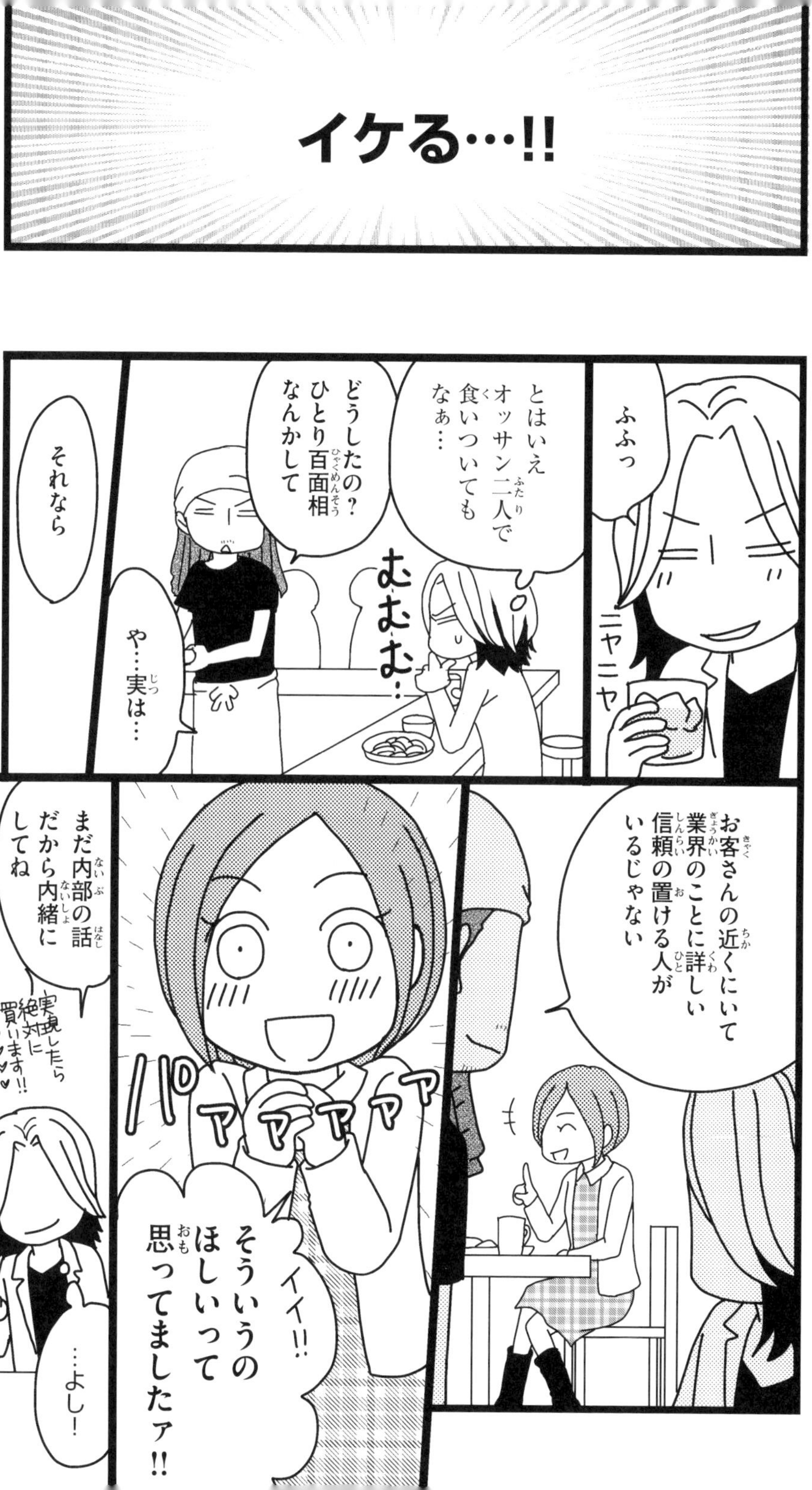
イケる…!!
ふふっ
ニヤニヤ
とはいえオッサン二人《ふたり》で食《く》いついてもなぁ…
むむむ…
どうしたの？ひとり百面相《ひゃくめんそう》なんかして
それなら
や…実《じつ》は…
お客《きゃく》さんの近《ちか》くにいて業界《ぎょうかい》のことに詳《くわ》しい信頼《しんらい》の置《お》ける人《ひと》がいるじゃない
パァァァァァ
イイ!!
そういうのほしいって思《おも》ってましたァ!!
まだ内部《ないぶ》の話《はなし》だから内緒《ないしょ》にしてね
もちろんです!!
キャー!
実現したら絶対に買います!!
…よし！

現代女性《げんだいじょせい》の平均的《へいきんてき》な体格《たいかく》について…
はい…はい そうです
TKガールズショー
キリッ
キャー
キャー
キャー
キャー
ふむふむ
ふむふむ…
ふむふむ
ドン!
よろしくお願《ねが》いいたします
ぺっ
ズシッ
は…はい
よーし…!

はいっ 布《ぬの》を！
あと シフォンとか レースとか リボンとかの 見本《みほん》を
ボタンと 糸《いと》はこういう 感《かん》じで
はいっ
タタタタタ
タタタタタタ
ササッ
キチッ
キチッ
うん これは いい
こんなペラペラの 触《さわ》り心地《ここち》じゃ ミミちゃんファンは 納得《なっとく》しないだろう
キリッ
よし これは合格《ごうかく》
これも いい
これは ダメだ
うん うん
どうも～アサヒ繊維《せんい》です！ 御社《おんしゃ》の30周年記念《しゅうねんきねん》の商品《しょうひん》に 関《かか》わらせていただけるとは 弊社《へいしゃ》としましても…
もちろん勉強《べんきょう》して いただけるんですよね…
やぎ部長《ぶちょう》 アサヒ繊維《せんい》から 見積《みつ》りきてますよ
さすが ですね！
激安！
ありがとう
♡

休日《きゅうじつ》
Livra
美容室
ここのところ ミミちゃん30周年《しゅうねん》 事業《じぎょう》で忙《いそが》しくて
髪《かみ》も ボサボサ だぜ…
今日は トリートメントも してもらおう
ねぇねぇ 隣《となり》の子《こ》すごく かわいいけど 何《なに》してる子《こ》？
モデルさん？
最近《さいきん》ヘアカタで人気《にんき》の 読《どく》モのハコちゃんだよ
ヒソ ヒソ
フランス留学《りゅうがく》から 帰《かえ》ってきた途端《とたん》 いろんなファッション誌《し》から声《こえ》がかかってる みたいで
来年《らいねん》にはガッと くるよ～！
へー…
ねぇ
その靴《くつ》 エペットの 新作《しんさく》だよね？

今年《ことし》はワインレッドやクロームオレンジが来《き》てるみたいだね
コーラルピンクや深《ふか》めの青《あお》も人気《にんき》ですよ〜
ハットはかぶる？
大好《だいす》きです！セットがつぶれちゃうけど！
フランスの女子高生《じょしこうせい》の間《あいだ》ではどんなメイクが流行《はや》ってた？
ええとー基本的《きほんてき》にはー
お仕事《しごと》何《なに》されているんですか？
ん？
おもちゃ屋《や》さんだよ
一方《いっぽう》コスモでは――
ザァァァァ
コスモ株
今年《ことし》のボーナスはかなりカットされるみたいだぞ
ヒソ
人員削減案《じんいんさくげんあん》も出《で》てるらしい
ヒソ
リストラ…
ヒソ
身売《みう》り…
ヒソ
業績《ぎょうせき》が…
ヒソ
ヒソ
う…
キリ キリキリキリキリ キリキリキリキリキリキ

しけたツラ してんなー!!
う!!!
単《たん》なるウワサ話《ばなし》を気《き》にしてどうするよ!?
俺《おれ》らゴールデンコンビだろ?
ピラッ
社内コンペのお知らせ
…何《なん》だかんだでこの人《ひと》の前向《まえむ》きさには救《すく》われるんだよなぁ…
もちろんですよ!
商品企画《しょうひんきかく》の奴《やつ》らが思《おも》いもつかないようなアイデアを出《だ》しましょう!!
おっし!やるぜ!!燃《も》えてきたー!!
マンションのリノベとか…
壁紙《かべがみ》を変《か》えるのとか流行《はや》ってるじゃないですか でもいきなり自分《じぶん》の家《いえ》に手《て》を加《くわ》えるのはリスキーだし…
それだよ!ドールハウスみたいな非現実《ひげんじつ》ラインは別部署《べつぶしょ》がやってるし1LDKくらいの箱型《はこがた》で…
マンションそのものとか面白《おもしろ》いですね
それはお前《まえ》

マスター
今日《きょう》のおつまみは
格別《かくべつ》に酒《さけ》と
合《あ》いますねぇ
ありがとう
ございます
ガチャ
カラン
カラン
…マスター…
一杯《いっぱい》飲《の》ませて…
ヨロ
ボロッ
ヨロ
ヨロ
どうしたの君《きみ》たち
行《ゆ》き倒《だお》れの旅人《たびびと》
みたいだよ
ゴッゴッゴッ
かーっ！
ヤッベー!!
絶対《ぜったい》イケるぜ
アレ!!
ですよね！
バン
バン
バン
あとは上《うえ》の承認《しょうにん》
もらって
関係各所《かんけいかくしょ》と…
連携《れんけい》して
大《だい》ヒット
まちがいなし
だぜ!!
そしたらまた
みんなの目《め》が
俺様《おれさま》に釘付《くぎづ》け…
うえーい
ニコ
ニコ
ニコ
ニコ
…あ…！

大運動会
わー
わっ！あっ！すみませんうるさくしちゃって！
あー!?
ほらギャラクシーの
ガタッ
かまわないよ
それより話《はなし》に交《ま》ぜてもらってもいいかな？
他社《たしゃ》の若《わか》い人《ひと》の話《はなし》も聞《き》いてみたくて
業界話に花が咲く
いやー夕《ゆう》べはなかなか有意義《ゆういぎ》な会食《かいしょく》だったよ
それはよかったですね
おはようございます社長《しゃちょう》
はいおはよう
おはようございます

かにさん そのマスコット…
え？
あ コレ？
うわっ こまかーい！
ハナッシーの最新《さいしん》グッズって凝《こ》ってるんですねー
ふふ 実《じつ》はこれ手作《てづく》りしたんですよ〜
人形《にんぎょう》に何《なに》かを持《も》たせるのがSNSの手芸《しゅげい》グループの中《なか》で流行《はや》ってて〜
うんうん 本当《ほんとう》にかわいいね
ピク
!!
携帯《けいたい》とかちょっとした電化製品《でんかせいひん》を持《も》たせてもかわいいですよ
ちょっとした電化製品《でんかせいひん》？
うん！
なんで泡立《あわだ》て器《き》かっていうと〜好《す》きな人《ひと》が料理教室《りょうりきょうしつ》に通《かよ》ってて〜♡♡
キャ！言《い》っちゃった！
かにさん ありがとう！
何が？
？

もう少《すこ》し無機質《むきしつ》なカンジで～
パシャ
そうそういいねー
その調子《ちょうし》ー
パシャ
パシャ
ちゃんと人間《にんげん》の関節《かんせつ》みたいに曲《まが》るんだなー
おうしさん見《み》て見《み》てホラ!!
すっげー動くー!!
しつへ
てめェ…
やーん！小《ち》っちゃーい
ミニチュア家電♥
これだけでもかわいーー!!
個性《こせい》はバラバラだけどうちの会社《かいしゃ》はサイコーよ！
髪《かみ》の色《いろ》はもっと栗色《くりいろ》に
あとーー

ガラガラガラ
キャーー!!
TOY!
大丈夫《だいじょうぶ》かふたごさん!!
は…はい…
崩《くず》れたのはコスモへの返品《へんぴん》荷物《にもつ》…?
スック
これは…業界《ぎょうかい》を揺《ゆ》るがす何《なに》かが起《お》きる気配《けはい》――
ヒョオオオオオ
誰としゃべってんだー?
手を動かせー
どこから風が…?
結局《けっきょく》日《ひ》の目《め》を見《み》ないままになりそうだなー…
いて座
でも僕《ぼく》たちだけでここまで仕上《しあ》げることができたんですから

……
実際《じっさい》に住《す》むなら こんな部屋《へや》！って ＯＬが憧《あこが》れるような 等身大《とうしんだい》のモコちゃん ハウスを作《つく》りたい!!
いてさん 協力《きょうりょく》して もらえま せんか？
しょぼん…
そこ削りが 甘ーい!!!
校庭 10周!!!
どこのっスか!?
はいっコーチ!!
←プラモデルも プロ級
アイランド キッチン
無垢材《むくざい》の フローリング！
壁紙《かべがみ》も こだわり ましょう！
レトロモダン なカンジで！
てめぇ ふざけんなよ!!
ししさんこそ！ 僕《ぼく》は引《ひ》きませんよ!!
やったー!! できたぞ!!
やりま した ね!!!
二人《ふたり》とも…
会社《かいしゃ》が大変《たいへん》なときに 120％で業務《ぎょうむ》を こなしながらこっちも 諦《あきら》めなかったんだよな…
くっ
ちょ！やめて くださいよ!!
そっスよ～ それより 今日《きょう》は完成《かんせい》を祝《いわ》って 飲《の》みましょうよ!!
いてさんの オゴリで!!
任《まか》せとけ…！
ぐっ

ちょっと待《ま》ったー!!
完成祝《かんせいいわ》いはまだ早《はや》いぞ!!
バーン!!
!!?
そして半年後《はんとしご》——
今日《きょう》は朝《あさ》から大変《たいへん》〜!
そっちもっと積んでー!
おいコッ手伝てー!!
ギャラクシーの社運《しゃうん》をかけた商品《しょうひん》だもんね〜
みんな気合《きあ》い入《はい》ってるわー
ポスターいいじゃん
曲がってるぞもっと右右!
それにしても
こんなにキレイに身近になって嬉しいですねー!
ミミちゃん本人も絶対喜んでるよ〜
まさかの展開《てんかい》よねー
お客様もな

ギャラクシーとコスモがコラボするなんて
さて晴《は》れの舞台《ぶたい》ですよ
う お社長《しゃちょう》…
ここちゃんハウス
ここちゃんハウス
新生ミミちゃんと
モコちゃんハウス改め
ミミちゃんハウス
いろいろとありがとうございました
いえいえお礼《れい》を言《い》うのはこちらの方《ほう》ですよ
本日《ほんじつ》はミミちゃん人形《にんぎょう》30thアニバーサリーバージョン発売日《はつばいび》ということもあり
自家用《じかよう》ジェットで来日《らいにち》したレディ・ギギも今《いま》か今《いま》かとこの瞬間《しゅんかん》を待《ま》ちわびていまーす！
ザワ
ザワ
ザワ
…今頃《いまごろ》みんなバタバタしてるんだろうな…
こんなふうに
12星座《せいざ》全員《ぜんいん》の知恵《ちえ》があれば
大《おお》きな事業《じぎょう》も成《な》しとげることができるのです

おわりに

毎日の生活の中で、星座の特徴を何となくでも知っているだけで、人間関係がいつもより明確で楽しくなることがあります。

すると、「どうして○○さんって、いつもこうなんだろう…」というマイナスな見方ではなく、「××座だから、こうなんだね。なるほど～」というふうに思えるようになり、「星座も違えば個性もバラバラなんだから、人間はみんな違っているのが当たり前だし、そんな個性がいい味出すのかもね！」という素敵な発想になっていくはずです。

それから、11ページでも書きましたが、この12星座の物語は、太陽の星座をもとにしています。でも、あなたの中の10天体を全部調べると、あなたの中のいろんな星座が場面場面で登場します。例えば、恋愛するときは牡羊座《おひつじざ》だけど、家族といるときは牡牛座《おうしざ》で、仕事中は水瓶座《みずがめざ》になったりするんです。面白いでしょ？　もしも、西洋占星術《せいようせんせいじゅつ》についてもっと知りたくなった場合は、「キャメレオン竹田《たけだ》の開運サロン」というオンラインサロンで星についてレクチャーしていますので、こそっとチェックしてみてくださいね！

2016年3月　キャメレオン竹田

マンガ おもしろいほどよく当たる！

12星座あるある

発行日　2016年4月 7 日　第1刷
発行日　2016年5月30日　第3刷

原案　キャメレオン竹田
漫画　水口めい

デザイン　百足屋ユウコ＋中野弥生（ムシカゴグラフィクス）
DTP　ウィッチ・プロジェクト
編集協力　雪田玉子
校正　豊福実和子
制作協力　大熊努（アイプロップス）

編集担当　杉浦博道
営業担当　石井耕平
営業　丸山敏生、増尾友裕、熊切絵理、菊池えりか、伊藤玲奈、綱脇愛、櫻井恵子、吉村寿美子、田邊曜子、矢橋寛子、大村かおり、高垣真美、高垣知子、柏原由美、菊山清佳、大原桂子、矢部愛、寺内未来子
プロモーション　山田美恵、浦野稚加
編集　柿内尚文、小林英史、舘瑞恵、栗田亘、澤原昇、辺土名悟、奈良岡崇子
編集総務　千田真由、高山紗耶子、高橋美幸
メディア開発　中原昌志、池田剛
講演事業　斎藤和佳、高間裕子
マネジメント　坂下毅
発行人　高橋克佳

発行所　株式会社アスコム

〒105-0002
東京都港区愛宕1-1-11　虎ノ門八束ビル
編集部　TEL：03-5425-6627
営業部　TEL：03-5425-6626　FAX：03-5425-6770

印刷・製本　株式会社光邦

Printed in Japan ISBN 978-4-7762-0869-3